KB251929

AI 시대 진로의 탄생

AI 시대 진로의 탄생

0.1%만이 선점할 AI 시대의 기회들

한민정 지음

NICEEDU

AI 시대, 왜 다시 진로교육인가?

예측된 궤도를 벗어나,
나만의 우주를 유영하는 법

'AI가 가르치는 시대'의 도래, 인간의 설 자리는?

불과 몇 년 전만 해도 "AI가 선생님을 대신한다"는 말은 먼 미래의 공상과학처럼 들렸습니다. 그러나 2026년 지금, 교실의 풍경은 완전히 달라졌습니다. AI 튜터가 학생의 에세이를 1초 만에 첨삭하고, 질문의 의도를 분석해 맞춤형 커리큘럼을 제시합니다. 지식의 전달자로서 교사의 권위는 해체되었고, '배움'의 정의는 데이터를 얼마나 효율적으로 습득하느냐로 바뀌고 있습니다.

그렇다면 묻지 않을 수 없습니다. "AI가 가르칠 수 있다면, 인간은 무엇을 가르쳐야 하는가?" "AI가 학습할 수 있다면, 인간은 무엇을 배워야 하는가?"

이 책은 이 근원적인 질문에서 출발합니다. AI가 정답을 제시하는 시대에, 인간은 '질문'을 던지는 존재로 남아야 하기 때문입니다.

진로교육, 가장 인간적인 학문으로의 귀환 AI

AI 기술이 교육의 형식을 바꿀 수는 있지만, 교육의 '본질'을 바꿀 수는 없습니다. 특히 진로교육은 더욱 그렇습니다. 많은 이들이 진로교육을 '유망 직업을 찾아 매칭하는 정보의 영역'으로 오해합니다. 하지만 진로는 단순히 직업을 갖는 것Getting a Job이 아니라, 자신의 존재와 삶의 의미를 해석하는 '인간학적 성찰의 영역'입니다.

AI는 당신의 성적과 데이터를 분석해 "당신은 98%의 확률로 회계사가 적합합니다"라고 '예측'할 수 있습니다. 하지만 "왜 회계사가 되어야 하는가?", "그 일이 당신의 삶을 어떻게 가치 있게 만드는가?"라는 질문에 대한 '이유'는 오직 당신만이 설명할 수 있습니다. 진로교육은 바로 그 이유를 묻는 학문입니다. 이 질문을 던지는 순간, 학생은 수동적인 데이터 소비자에서 삶을 기획하는 행위주체Acting Agent로 다시 태어납니다.

궤도를 이탈할 용기

 우리는 너무 오랫동안 정해진 궤도Orbit를 도는 인공위성처럼 살아왔습니다. 입시, 취업, 승진이라는 타인이 설계한 궤도 위에서, 누가 더 빨리 도느냐를 경쟁했습니다. 하지만 AI 시대는 이 궤도 자체를 무의미하게 만들고 있습니다. 이제 필요한 것은 궤도 위를 잘 달리는 기술이 아니라, 궤도를 이탈하여 나만의 별자리를 그리는 용기입니다.

 〈지능화기술과 시민운동, 그리고 공동체문화〉, 〈UOS미래디자인〉 〈UOS커리어디자인〉 수업에서 만난 청년들은 이미 그 용기를 보여주고 있었습니다. 그들은 "효율만 남으면 나는 누구인가?"라고 되물었고, "AI가 만든 창작물에 내 몫은 어디에 있는가?"라고 항변했습니다.

 이 책은 단순한 진로 지침서가 아닙니다. 이것은 기술 너머의 인간, 노동 너머의 행위, 그리고 직업 너머의 소명을 찾기 위한 우리 모두의 항해일지입니다. AI가 세상을 효율적으로 계산할 때, 우리는 세상을 의미 있게 해석해야 합니다. 그 해석의 힘을 기르는 것이야말로, 다가올 미래를 위한 가장 확실한 준비가 될 것입니다.

목 차

PART 3 새로운 지도: 진로교육 패러다임을 다시 그리다

11장. 진로교육의 미래 설계도
- OECD Career Readiness 프레임의 재해석

12장. 2040년, 나의 별자리를 완성하다
- 회복탄력성과 지속가능한 삶

[에필로그] 지능화 시대, 교육이 인간에게 남겨준 것
- 기계가 닿지 못하는 자리, 인간이 머물러야 할 자리

[부록] 강의실 밖 토론 워크북 (Action & Reflection)
- 읽는 것에서 멈추지 않고, 생각하고 움직이는 힘을 기르기 위하여

다시, '일'과 '배움'을 묻다

: AI가 바꾸는 인간의 조건

제1장

인간은 여전히 '일하는 존재'인가

노동(Labor)에서 행위(Action)로
일자리에서 '존재의 자리'로

1 사라지는 것은 '일'인가, '고역'인가?

"교수님, 저는 나중에 뭘 먹고살아야 할까요? AI가 다 해버리면 제가 설 자리가 있을까요?"
대학 강의실에서 가장 많이 듣는 질문이자, 침묵 속에 깔려 있는 가장 무거운 공기입니다.

2026년, 우리는 인공지능이 인간보다 그림을 더 잘 그리고, 더 빠르게 코딩하며, 심지어 더 그럴듯한 위로의 말을 건네는 세상을 살고 있습니다.

2040 미래의 직업생활 연구보고서에 따르면, 자동화와 인공지능 기술의 결합은 단순 반복 업무뿐만 아니라 전문직의 영역까지 빠르게 파고들고 있습니다.

우리는 두렵습니다. 이 두려움의 실체는 무엇일까요? 밥벌이가 끊길까 봐? 물론 그렇습니다. 하지만 더 깊은 곳에는 **'나의 쓸모'가 사라질지 모른다는 존재론적 공포**가 자리하고 있습니다. 지난 수백 년간 인류는 '일하는 존재Homo Faber'로서 자신의 가치를 증명해 왔기 때문입니다. "무슨 일 하세요?"라는 질문이 곧 "당신은 누구입니까?"와 동일시되는 사회에서, 일의 실종은 곧 자아의 실종처럼 느껴집니다.

하지만 관점을 조금만 비틀어봅시다. 인류 역사상 대다수의 인간에게 '일'은 자아실현이 아니라 생존을 위한 고단한 '고역'이었습니다. AI가 대체하고 있는 그 일들이, 과연 우리가 그토록 지키고싶었던 '인간다운 활동'이었을까요? 아니면 먹고살기 위해 어쩔 수없이 견뎌야 했던 '반복적 노동'이었을까요?

만약 AI가 가져가는 것이 우리의 '꿈'이 아니라, 우리의 '고역'이라면 어떨까요? 그렇다면 지금 우리는 위기가 아니라, 인류 역사상 처음으로 '진정한 일'을 정의할 기회 앞에 서 있는 것일지도 모릅니다.

2 아렌트의 통찰: 노동, 작업, 그리고 행위

철학자 한나 아렌트Hannah Arendt는 그녀의 저서 『인간의 조건』에서 인간의 활동을 세 가지로 구분했습니다. 이 구분은 AI 시대를 사는 우리에게 놀라운 통찰을 줍니다.

첫째는 '노동Labor'입니다. 이는 생명 유지를 위해 매일 반복해야하는 활동입니다. 먹기 위해 사냥하고, 청소하고, 빨래하는 일들, 즉 생물학적 필연성에 종속된 활동입니다. 노동의 결과물은 소비되어 사라집니다. AI와 로봇이 가장 빠르게 대체하고 있는 영역이바로 이 '노동'입니다.

둘째는 '작업Work'입니다. 이는 자연을 가공해 인공적인 사물이나 도구를 만드는 활동입니다. 집을 짓고, 스마트폰을 만들고, 예술 작품을 남기는 일이죠. 작업은 세상에 지속되는 무언가를 남깁니다. 하지만 생성형 AI의 등장으로 이 '작업'의 영역조차 인간만의 전유물이 아니게 되었습니다.

셋째는 '행위Action'입니다. 아렌트가 가장 고귀하게 여긴 활동입니다. 행위는 사물이 아닌 '사람들 사이'에서 일어납니다. 자신의 생각을 말로 표현하고, 타인을 설득하며, 공동체의 문제를 해결하기 위해 관계를 맺는 활동입니다. 행위는 예측 불가능하며, 오직 타인과의 관계 속에서만 의미를 갖습니다.

지금 우리가 겪는 혼란은, 우리가 그동안 '노동'과 '작업'을 통해 인간의 가치를 증명하려 했기 때문입니다. "누가 더 빨리 만드나", "누가 더 많이 처리하나"라는 경쟁은 이제 무의미합니다. 그건 기계가 훨씬 잘하니까요.

AI 시대, 인간은 비로소 **'행위Action'하는 존재**로 이동해야 합니다. 기계는 데이터를 처리할 뿐, 누군가의 아픔에 공감하여 법을 바꾸자고 외치지 않습니다. 기계는 효율적인 도시 계획을 짤 수 있지만, "어떤 도시가 살기 좋은 도시인가?"를 두고 시민들과 토론하지는 않습니다.

이 책에서 말하고자 하는 '궤도 이탈'의 첫 번째 단계는 바로 이 것입니다. **'노동자'의 궤도에서 벗어나 '행위자'의 궤도로 진입하**는 것.이것이 AI 시대 진로교육의 새로운 목표가 되어야 합니다.

효율과 이익을 따지지 않는 '행위Action'를 추구하는 방향으로 나아갈 때 인간의 자아 실현과 의의가 있다는 지적은 무척 존귀한 것이다. 다만 인간에게는 즉각적 이익과 물질적 신체적, 정신적 욕구 충족을 목적으로 하는 다양한 모습이 존재한다. 특히 청년들이 당장 일자리를 찾지 못해 삶을 포기하고, 부모 세대보다 가난하고 불행하고 외로울까 걱정하는 시대에서 노동자의 궤도를 벗어나 행위자로 나아가자는 말이 현실적 대안으로 마음에 닿을지 우려된다.

다만, 그 불안과 우려로 노동과 작업에 집중한다면 AI를 이길 수도 없고, 행복할 기회도 없다는 점을 부각하는 방식으로 설득하는 것은 의미가 있을 것 같다.

❸ 효율성의 함정: "최적의 경로가 나를 잃게 한다"

하지만 현실은 여전히 '효율'의 궤도 위에 있습니다. 우리는 학생들에게 더 빨리 정답을 찾고, 더 효율적으로 스펙을 쌓으라고 강요합니다. 이 효율성의 추구가 역설적으로 인간을 얼마나 무력하게 만드는지, 청년들은 이미 본능적으로 감지하고 있습니다.

제 수업을 들었던 한 학생은 「효율만 남으면, 나는 '나'인가?」라는 제목의 글에서 이렇게 썼습니다.

> "AI는 분명 나를 훨씬 더 효율적으로 생활하도록 만든다. 하지만, 효율이 계속 기준이 되다 보면 내가 무엇을 좋아했는지가 희미해져 간다. 나는 원래 멍하니 천천히 걷는 걸 좋아하는 사람이었다. 돌아가는 것처럼 보이는 길을 걸을 때 오히려 생각이 정리되곤 한다. 하지만 AI는 그런 선택을 '낭비'라고 말한다. (중략) 지도가 안내해 준 길은 그저 빨리 도착하기에 적합한 길이었다. 그 안에는 나의 취향이 반영되지 않았다."

이 학생의 고백은 섬뜩할 정도로 정확합니다. 내비게이션이 알려주는 '최단 경로'가 항상 '최적의 여행'은 아닙니다. AI가 추천해 주는 '유망 직업'이 내 삶을 가장 빛나게 할 '최적의 진로'는 아닐 것입니다.

효율성은 기계의 미덕이지 인간의 미덕이 아닙니다. 인간의 미덕은 오히려 '비효율'에 있습니다. 돌아가는 길에서 만난 낯선 풍경, 실패한 프로젝트에서 얻은 깨달음, 낭비라고 여겨졌던 멍 때리는 시간 속에서 튀어나온 창의성. AI는 계산할 수 없는 이 '비효율의 총합'이 바로 '나'라는 고유한 존재를 만듭니다.

우리는 학생들에게 "AI를 도구로 써서 더 빨리 가라"고 가르치기 전에, "AI가 가리키지 않는 길로 가볼 용기"를 가르쳐야 합니다. 그것이 기계가 범접할 수 없는 인간의 영역을 지키는 길입니다.

AI, 특히 미래의 진보된 AI에게는 내 취향에 맞게 목적지를 찾아주도록 알고리즘을 더욱 정밀하고 세련되게 만들어 지금 우리가 인식하지도 못할 정도로, 비판 의식 자체가 무의미한 쾌락에 개인과 집단을 지배할 수도 있지 않을까?

지금의 내비게이션은 막히는 길을 조금 피해가는 옵션 정도를 반영하지만, 미래의 내비게이션은 내가 좋아하는 맛집, 추억이 담긴 경관, 내 심리 상태에 맞는 주행 속도까지 옵션으로 알아서 넣어주는 세상이 열릴 수 있다는 것을 대부분의 독자가 상상할 수 있을 텐데, 위 글은 너무 확정적으로 'AI가 내게 효율성만 강제한다'고 전제하고 있는 것은 아닌지 검토할 필요가 있어 보인다.

4 일자리(Job)가 아닌 '존재의 자리(Place of Being)'

그렇다면 구체적으로 우리는 무엇을 목표로 살아야 할까요? 저는 '직업Job'이라는 단어 대신 '존재의 자리Place of Being'라는 개념을 제안하고 싶습니다.

직업은 기능입니다. '의사'는 병을 고치는 기능이고, '교사'는 지식을 가르치는 기능입니다. 기능은 언제든 더 효율적인 도구(AI)로 대체될 수 있습니다. 하지만 '존재의 자리'는 다릅니다. 그것은 **내가 이 공동체 안에서 어떤 맥락 속에 위치해 있는가**에 대한 것입니다.

예를 들어봅시다. 미래에 AI 닥터가 정확한 진단과 처방을 내립니다. 그렇다면 인간 의사는 사라질까요? '병을 진단하는 기능인'으로서의 의사는 사라질지 모릅니다. 하지만 환자의 불안한 눈빛을 읽고 손을 잡아주며, 복잡한 삶의 맥락 속에서 치료 의지를 북돋아주는 '치유자로서의 자리'는 AI가 대체할 수 없습니다. 이것은 의학적 지식이 아니라, 인간적 신뢰와 관계의 문제입니다.

'기자'라는 직업도 마찬가지입니다. 팩트를 나열하고 기사를 작성하는 기능은 AI가 더 잘합니다. 하지만 사회의 부조리에 분노하고, 약자의 목소리를 세상에 알리기 위해 현장을 뛰는 '증언자로서의 자리'는 오직 인간만이 지킬 수 있습니다. AI는 분노할 수 없기 때문입니다.

진로교육의 대전환은 여기서 일어납니다. "너는 커서 무슨 직업을 가질래?" (What do you want to do?)라는 질문을 멈춰야 합니다. 대신 이렇게 물어야 합니다.

"너는 세상의 어떤 문제를 해결하는 자리에 있고 싶니?"
(Where do you want to be?)

5 청년의 목소리: 불확실성을 기회로 만드는 힘

다시 처음의 질문으로 돌아가 봅시다. "인간은 여전히 일하는 존재인가?" 제 대답은 "그렇다"입니다. 다만 그 '일'의 정의가 바뀌었을 뿐입니다.

과거의 일이 '먹고살기 위한 투쟁'이었다면, 미래의 일은 '함께 살기 위한 실천'입니다. 생존을 위한 노동이 줄어든 자리에는 타인과 연결되고, 사회적 가치를 만들고, 나만의 이야기를 표현하는 '창조적 행위'가 채워질 것입니다.

2025 글로벌 인재포럼자료에 따르면, 미래 사회가 요구하는 핵심 역량은 코딩 기술이 아니라 '협력적 문제해결력'과 '사회적 감수성'이라고 합니다. 이는 기술의 언어가 아니라 인간의 언어입니다.

대학 수업에서 학생들은 이미 그 답을 찾아가고 있습니다. 한 학생은 "AI가 답변을 줄 수는 있지만, 질문을 던지는 건 저예요. 좋은 질문을 하려면 제가 어떤 사람인지, 세상이 뭐가 문제인지 알아야 하더라고요"라고 말했습니다.

그렇습니다. AI는 답을 주는 기계이고, 인간은 질문을 던지는 존재입니다. 질문이 있는 한, 우리의 일은 사라지지 않습니다. 오히려 더 고차원적이고 흥미진진한 일들이 우리를 기다리고 있습니다.

자, 이제 노동자의 작업복을 벗고, 행위자의 무대 의상을 입을 준비가 되셨나요? 정해진 궤도를 도는 위성이 아니라, 스스로 빛을 내는 별이 되기 위한 여정을 이제 본격적으로 시작해 봅시다.

Key Insight

AI 시대, 인간의 일은 '생계형 노동Labor'에서 사회적 의미를 만드는 '실천적 행위Action'로 이동해야 한다.

Shift

직업Job 찾기 → 존재의 자리Being 찾기

1. AI가 당신의 현재 업무 중 80%를 대신해 준다면, 남은 시간 동안 당신은 무엇을 하겠습니까? 그 20%가 당신의 진짜 '업Vocation'일지 모릅니다.

2. 당신의 삶에서 '효율적이지 않아서' 좋았던 경험은 무엇입니까? 그 경험이 당신을 어떻게 성장시켰나요?

학습의 경계가 무너질 때

학교 밖의 배움
알고리즘 안의 배움

1 교실의 붕괴, 그리고 '알고리즘 교실'의 탄생

학교가 지식의 독점적 지위를 잃은 지는 오래되었습니다. 오늘날 학생들은 교실에서 선생님의 판서를 통해 배우는 것보다, 유튜브의 10분짜리 요약 영상이나 챗GPT와의 대화를 통해 더 많은 것을, 더 빠르게 배웁니다. 물리적인 학교의 담장은 무너졌고, 학습은 언제 어디서나 가능한 유비쿼터스 환경이 되었습니다.

표면적으로 이것은 학습의 민주화이자 개인화된 혁명처럼 보입니다. 하지만 그 이면에는 새로운 형태의, 훨씬 더 견고한 벽이 세워지고 있습니다. 바로 '알고리즘의 벽'입니다.

우리가 유튜브를 켜거나 검색 엔진을 사용할 때, 우리는 스스로 정보를 선택한다고 믿습니다. 하지만 실상은 내가 좋아할 만한 것, 내 생각에 동의하는 것, 내가 머무를 확률이 높은 정보만이 내 앞에 배달됩니다. 과거의 학교가 '표준화된 지식'을 주입했다면, 지금의 알고리즘 학교는 '편향된 취향'을 강화합니다.

수업에서 만난 한 학생은 이런 고백을 했습니다. "알고리즘이 추천해 준 영상들만 보다 보면 세상이 딱 그렇게만 돌아가는 것 같아요. 다른 의견은 아예 존재하지 않는 것처럼요. 편하긴 한데, 가끔은 제가 좁은 방에 갇혀 있다는 생각이 들어요."

이것이 AI 시대 학습의 첫 번째 역설입니다. 정보의 바다는 무한히 넓어졌지만, 정작 우리는 알고리즘이 쳐놓은 좁은 가두리 양식장 안에서 헤엄치고 있을지 모릅니다. 물리적 경계가 사라진 자리에 '인식의 경계'가 생긴 것입니다.

따라서 지금 필요한 진정한 학습 능력은 정보를 찾는 능력이 아니라, 알고리즘이 보여주지 않는 '경계 밖의 세계'를 상상하고 찾아나서는 의지, 즉 '디지털 행위주체성'입니다.

② AI 튜터 시대, '친절한 정답'의 함정

생성형 AI 기술의 발달로 'AI 튜터' 시대가 열렸습니다. 칸아카데미의 '칸미고Khanmigo'나 듀오링고 같은 서비스는 학생 수준에 맞춰 실시간으로 피드백을 제공합니다. 모르는 것을 물어보면 1초 만에 친절하고 정확한 답을 내놓습니다.

효율성 면에서 인간 교사는 AI 튜터를 이길 수 없습니다. 하지만 배움의 본질을 '성장'이라고 정의한다면 이야기는 달라집니다. 성장은 정답을 확인하는 순간이 아니라, 답을 찾지 못해 끙끙대는 지루한 시간, 오답을 내고 좌절했다가 다시 시도하는 시행착오의 과정에서 일어납니다.

학생 에세이 자료 중, AI 도구 사용에 대해 고민한 학생의 글 「AI 도구를 쓰는 것은 '실력'인가 '치팅'인가?」에는 이런 통찰이 담겨 있습니다.

> "AI 창작물은 본질적으로 나의 것이 아니다. 직접 글을 쓰는 과정은 자료를 탐색하고 의미를 해석하며 사고를 정리하는 일련의 과정이다. 결과물은 AI가 더 좋을지 몰라도, 그 과정에서 얻어지는 무형의 사고력은 얻을 수 없다."

정확한 지적입니다. AI 튜터는 우리에게 '결과'를 선물하지만, 그 대가로 '과정'을 가져갑니다. 어려운 수학 문제를 AI가 풀어주면 숙제는 해결되겠지만, 문제를 붙들고 씨름하며 길러졌을 '논리적 끈기'는 사라집니다. 에세이를 AI가 써주면 과제는 제출하겠지만, 내 생각을 언어로 조직하며 만들어지는 '자아의 단단함'은 형성되지 않습니다.

우리는 이것을 경계해야 합니다. 배움의 과정이 생략된 채 주어지는 '친절한 정답'은 지식이 아니라 정보의 조각일 뿐입니다. AI 시대의 진정한 실력은 정답을 빨리 찾는 능력이 아니라, 정답이 없는 문제 앞에서도 도망치지 않고 버티는 힘, 즉 '지적 지구력'에 있습니다.

3 교사의 새로운 역할: 지식 전달자에서 '의미의 중개자'로

그렇다면 AI 튜터 시대에 인간 교사, 그리고 학교의 역할은 무엇일까요? 지식을 전달하는 기능은 AI에게 넘겨주어도 좋습니다. 대신 인간 교사는 '의미의 중개자Mediator of Meaning'에 천착해야 하겠습니다.

AI는 3.1운동이 언제, 어디서 일어났는지 정확히 설명할 수 있습니다. 하지만 교사는 학생의 눈을 바라보며 이렇게 물을 수 있습니다. "만약 네가 그 시대에 살았다면, 거리로 뛰쳐나갈 용기가 있었을까? 지금 너에게 '독립'은 무엇이니?"

AI는 팩트Fact를 가르치지만, 인간은 맥락Context과 가치Value를 가르칩니다. AI는 "이것이 정답이다"라고 말하지만, 인간은 "이것이 너의 삶과 무슨 상관인가?"라고 묻습니다. 정보가 데이터베이스에서 학습자의 삶으로 넘어와 '나의 이야기'가 되게 만드는 것, 그것이 바로 인간 교사만이 할 수 있는 교육입니다.

앞으로의 학교는 '진도를 나가는 곳'이 아니라 '질문을 던지는 곳'이 되어야 합니다. AI가 쏟아내는 정보의 홍수 속에서 잠시 멈춰 서서, "이 정보는 사실인가?", "이 기술은 윤리적인가?", "나는 어떻게 살고 싶은가?"를 토론하는 철학적 아고라Agora가 학교의 뉴노멀이 될 것이라고 봅니다.

4 진로교육의 대전환: '직업 선택'에서 '자기 기획'으로

이러한 학습 환경의 변화는 진로교육의 패러다임을 근본적으로 뒤흔듭니다. 과거의 진로교육은 세상에 존재하는 직업 정보를 탐색하고, 내 적성을 검사한 뒤, 둘을 매칭하는 '선택Selection'의 과정이었습니다.

하지만 AI 시대에 직업은 고정된 명사가 아니라 유동적인 동사가 되어 갑니다. 기존의 직업들이 해체되고 재조립되는 상황에서, 남이 만들어놓은 선택지 중 하나를 고르는 것은 무의미해 지지요. 이제 진로교육은 '선택'이 아니라 '자기 기획Self-Projecting'의 과정으로 바뀌어야 합니다.

'자기 기획'이란 없는 길을 만들어가는 능력입니다. 이는 교실 안의 이론 수업만으로는 길러지지 않지요. 제가 진행했던 '기관연계형 수업'과 같은 프로젝트 학습이 그 대안이 될 수 있다고 생각합니다.

이 수업에서 학생들은 교과서 밖으로 나갑니다. 지역의 소셜 벤처, 시민단체, 공공기관과 협력하여 실제 사회 문제를 발굴하고 해결책을 제안합니다. 예를 들어, 어떤 학생들은 노인복지관을 찾아가 키오스크 사용에 어려움을 겪는 어르신들을 위한 교육 프로그램을 직접 기획하고 실행했습니다.

이 과정에서 학생들은 "어떤 직업이 유망한가?"를 묻지 않았습니다. 대신 "우리 사회에 어떤 문제가 있는가?", "나의 지식과 기술로 그 문제를 어떻게 해결할 수 있는가?"를 고민했습니다. 그리고 프로젝트가 끝났을 때, 그들은 단순히 과제를 마친 학생이 아니라, 사회적 가치를 창출해 본 경험을 가진 '시민'으로 자기 씨앗을 품게 되는 것이지요.

이것이 바로 AI 시대가 요구하는 진짜 스펙입니다. 토익 점수나 자격증 개수가 아니라, 불확실한 현실 세계에 뛰어들어 부딪치고 깨지면서 만들어낸 '나만의 서사Narrative' 말입니다.

5 청년의 목소리: "나는 소비자가 아니라 생산자가 되고 싶다"

학습의 경계가 무너진다는 것은 두려운 일이지만, 동시에 엄청난 기회이기도 합니다. 학교라는 울타리가 사라진 대신, 세상 전체가 학교가 되었기 때문입니다.

오늘날의 청년들은 이미 학교 밖에서 놀라운 배움을 실천하고 있습니다. 그들은 코딩을 배워 자신만의 앱을 만들고, 글을 써서 독립 출판물을 내며, 유튜브를 통해 전 세계와 소통합니다. 그들은 누군가가 가르쳐주기를 기다리는 수동적인 '학습 소비자'가 아니라, 스스로 배움을 조직하는 능동적인 '지식 생산자'가 되기를 원합니다.

우리가 할 일은 그들에게 낡은 지도를 쥐여주며 정해진 길로 가라고 강요하는 것이 아닙니다. 대신 그들이 스스로 나침반을 들고 알고리즘의 숲을 헤쳐 나갈 수 있도록 '기획하는 힘'과 '비판하는 눈'을 길러주는 것입니다.

궤도를 이탈하여 학교 밖으로, 교과서 밖으로, 알고리즘 밖으로 나아가십시오. AI가 추천하지 않은 책을 읽고, AI가 가보라고 하지 않은 길을 걸으십시오. 가장 비효율적으로 보이는 그 시간들이 쌓여, AI는 결코 모방할 수 없는 당신만의 고유한 우주를 만들게 될 것입니다.

Key Insight

알고리즘이 제공하는 맞춤형 학습은 효율적이지만, 편향과 확증 편향을 낳을 수 있다. 진정한 배움은 AI가 대신할 수 없는 '고민의 과정'과 '실천적 경험' 속에 있다.

Shift

정보 습득 Acquisition → 의미 구성 Meaning Making

1. 최근 당신이 배운 것 중, AI나 알고리즘의 추천이 아닌 순수한 우연이나 호기심으로 시작된 배움은 무엇입니까?

____

____

____

2. AI가 당신의 모든 과제를 완벽하게 대신해 줄 수 있다면, 그럼에도 불구하고 당신이 기꺼이 땀 흘려 직접 하고 싶은 공부는 무엇입니까?

____

____

____

02

AI 시대의 인간성
: 관계, 감각, 주체

나의 몫은 어디에 있는가

공정, 분배,
그리고 '함께 사는 정의'

1 AI가 계산한 공정, 그 뒤에 숨은 그림자

"교수님, 저는 차라리 AI 면접관이 더 편해요. 학연, 지연 안 따지고 딱 데이터로만 평가하잖아요. 사람 면접관은 기분파라서 믿을 수가 없어요."

대학생들과 진로 상담을 하다 보면, 의외로 많은 학생이 AI 채용이나 평가 시스템에 대해 긍정적인 기대를 하고 있음을 발견합니다. 이들에게 '공정Fairness'이란 '감정이 배제된 정확한 계산'을 의미합니다. 불투명한 인간의 주관보다는, 차가울지언정 일관성 있는 알고리즘의 판단이 더 정의롭다고 믿는 것이지요.

하지만 우리가 간과하는 치명적인 사실이 있습니다. AI가 학습하는 데이터 자체가 이미 '편향된 과거의 기록'이라는 점입니다.
만약 과거 10년간 특정 성별이나 특정 대학 출신이 주로 채용되었다면, AI는 그것을 '성공의 조건'으로 학습합니다. 그리고 미래의 지원자를 평가할 때도 그 기준을 기계적으로 적용합니다. 과거의 차별이 '데이터'라는 옷을 입고 '과학적 근거'로 둔갑하여 미래를 지배하는 셈입니다.

미국의 한 대기업이 야심 차게 개발했던 AI 채용 시스템이 여성 지원자들의 이력서에 감점을 주어 폐기되었다는 뉴스는 이제 고전적인 사례가 되었습니다.

문제는 AI가 점점 더 고도화되면서, 그 편향이 인간의 눈에는 보이지 않는 아주 은밀한 방식으로 작동한다는 점입니다.

우리는 지금 '알고리즘의 통치'아래 살고 있습니다. 내가 보는 뉴스, 내가 지원할 수 있는 일자리, 심지어 대출 한도까지 AI가 결정합니다. 학생들은 "AI가 평가했으니 공정하다"고 믿지만, 그 믿음이야말로 가장 위험한 착각일 수 있습니다.

진로교육은 이제 '어떻게 AI 면접을 뚫을까'를 가르치는 기술 훈련을 넘어, '이 시스템이 과연 정의로운가?'를 묻는 시민교육으로 확장되어야 합니다. 공정은 계산될 수 있는 수치가 아니라, 끊임없이 감시하고 수정해야 할 사회적 합의이기 때문입니다. 또 미래 사회의 공정은 과거 기록과 현재 논의의 합이 아니라, 미래 세대의 몫이기 때문입니다.

② 플랫폼 노동자: 자유로운 혁신가인가, 디지털 소작농인가?

AI 기술의 발전은 '플랫폼 노동'이라는 거대한 고용 시장을 열었습니다. 배달 라이더, 웹툰 작가, 데이터 라벨러, 크라우드 워커 등 수많은 청년이 'N잡러'라는 이름으로 플랫폼에 뛰어듭니다. 겉보기에 이들은 출퇴근 시간이 자유롭고, 상사의 간섭 없이 일하는 혁신적인 근로자Gig Worker처럼 보입니다.

하지만 그 이면을 들여다본 학생들의 시선은 매우 현실적이고 날카롭습니다. 제 수업에서 한 학생은 「플랫폼 노동자는 직원인가, 개인사업자인가?」라는 에세이에서 이렇게 꼬집었습니다.

"플랫폼 노동자는 위탁계약으로 분류되어 '개인사업자'로 인정받는다. (중략) 그러나 많은 플랫폼 노동자가 특정 업체의 업무 지시나 알고리즘의 영향 아래 일하며... 사실상 종속적인 성격이 짙다. 앱 알고리즘이 사실상 상사 역할을 한다."

정확한 통찰입니다. 플랫폼 노동자는 법적으로는 '사장님(자영업자)'이지만, 실제로는 알고리즘의 지시를 받는 노동자입니다.

배달 앱은 "지금 이쪽으로 가면 콜이 더 많아요"라고 유혹하고, 평점 시스템은 "조금만 더 친절하면 수입이 늘어요"라고 압박합니다. 인간 상사는 퇴근이라도 하지만, 알고리즘 상사는 24시간 깨어 감시합니다.

더 큰 문제는 이들이 사회적 안전망의 사각지대에 있다는 것입니다. 아프면 쉴 수 없고, 하루아침에 계정이 정지(해고)되어도 하소연할 곳이 없습니다. 우리는 기술 혁신이 가져다준 편리함(새벽 배송, 1분 대기 택시)을 누리지만, 그 편리함이 누군가의 불안정한 삶을 연료로 태우며 작동한다는 사실은 애써 외면합니다.

진로교육은 이 화려한 '긱 이코노미_{Gig Economy}'의 명암을 직시하게 해야 합니다.

"너도 N잡러가 되어 자유롭게 살아라"라고 부추기기 전에, 그 자유가 '진짜 자유'인지, 아니면 '불안을 포장한 자유'인지 토론해야 합니다. 교육과 학교는 빠르게 조여오는 변화의 틈을 비집고, 논의와 토론의 장을 만들어야 합니다. 직업을 선택하는 것은 개인의 문제지만, 그 직업 환경을 인간답게 만드는 것은 공동체의 문제이기 때문입니다.

③ 보이지 않는 노동, 사라지는 '나의 몫'

우리가 매일 무심코 하는 행동들—검색, 클릭, 좋아요, 댓글, 머무른 시간—은 모두 데이터가 되어 기업의 서버에 쌓입니다. AI는 이 데이터를 먹고 자라며, 다시 우리에게 맞춤형 광고와 상품을 내밀어 돈을 법니다.

하버드대 쇼샤나 주보프 교수는 이를 '감시 자본주의_{Surveillance Capitalism}'라고 명명했습니다. 인간의 경험 그 자체가 원재료로 채굴되어 판매되는 것입니다.

수업에서 또 다른 학생은 「보이지 않는 노동과 보이지 않는 권리」라는 글을 통해 이런 본질적인 질문을 던졌습니다.

"이렇게 많은 사람들이 스마트폰을 곁에서 떼어놓지를 않고 있는데, 그들이 실시간으로 남기는 수많은 흔적들은 다 어디로 가는 것일까? (중략) 우리의 일상적 행위가 기업의 부를 창출하는 데 기여하고 있다면, 우리에게도 그에 대한 정당한 몫이 주어져야 하지 않을까?"

학생의 지적대로, 우리는 모두 AI라는 거대한 농장의 '데이터 소작농'일지 모릅니다. 열심히 데이터를 생산하지만, 그 열매(수익)는 소수 빅테크 기업이 독차지하는 구조입니다.

미래의 진로교육은 '데이터 주권Data Sovereignty'을 배우고 토론해야 합니다. 내 데이터가 어디에 쓰이는지 알고, 그 가치에 대한 정당한 보상을 요구할 수 있는 권리 의식을 심어주어야 하지요. 그 결과, 최근 논의되는 '데이터 배당'이나 '로봇세' 같은 개념이 먼 나라 이야기가 아니라, 내 삶의 몫을 지키기 위한 현실적인 대안임을 깨닫게 될 것입니다.

AI가 만든 창작물에 대해서도 마찬가지입니다. 생성형 AI가 만든 그림과 글은 수많은 창작자의 데이터를 학습한 결과입니다. 그렇다면 그 수익은 누구에게 돌아가야 할까요? 개발자? AI? 아니면 원본 데이터를 제공한 수많은 무명 작가들?

이에 대해 한 학생은 "인공지능 창작물에 대한 권리는 제작자가 얼마나, 어떤 방식으로 개입했는가를 명확한 기준으로 세워야 한다"며, "기여와 보상의 불일치"문제를 지적했습니다. 이것은 단순한 저작권 분쟁이 아니라, '노동의 정의'를 다시 쓰는 싸움입니다.

4 '나 혼자 산다'에서 '함께 살자'로

결국 AI 시대의 정의Justice는 '분배'의 문제를 넘어 '연대'의 문제입니다. 기술이 고도화될수록 '승자독식Winner takes all' 구조는 강화될 것입니다.

상위 1%의 AI 기업과 플랫폼 소유주가 부의 대부분을 가져가는 세상에서, 나머지 99%는 어떻게 자신의 존엄을 지킬 수 있을까요?

답은 '연대'에 있습니다. AI는 개별 인간보다 똑똑하지만, 협력하는 인간 집단보다 현명할 수는 없습니다. 플랫폼 노동자들이 노조를 만들어 알고리즘의 투명성을 요구하고, 예술가들이 연대하여 생성형 AI의 무단 학습에 저항하는 것처럼, 우리는 '따로 또 같이' 싸워야 합니다.

진로교육의 방향도 바뀌어야 합니다.

"옆 친구를 이겨야 네가 산다"는 각자도생의 언어 대신, "옆 친구와 손을 잡아야 우리가 산다"는 협력의 언어가 더 적합한 시대가 되었습니다.

'나의 성공'을 위한 진로가 아니라, '우리의 공존'을 위한 진로를 모색할 때, 비로소 나의 몫도 지켜질 수 있다는 것이 실제적인 방향이지요.

"내 몫은 어디에 있는가?"이 질문에 대한 답은 은행 통장에 있지 않습니다. 그것은 우리가 서로를 위해 내어준 자리, 그리고 함께 만든 공정한 규칙 속에 있다는 사실을 상기해야 합니다.

Key Insight

알고리즘의 공정함은 착시일 수 있으며, 플랫폼 노동은 '자유'라는 이름으로 포장된 새로운 불평등을 낳는다. 나의 데이터와 노동에 대한 정당한 몫을 요구하는 것은 AI 시대 시민의 핵심 권리다.

Shift

수동적 데이터 생산자 → 능동적 데이터 주권자

1. 내가 누리는 편리함(새벽 배송, 무료 앱 등) 뒤에 숨겨진 누군가의 노동이나 데이터 착취에 대해 생각해 본 적이 있나요?

____

____

____

____

2. 만약 AI와 로봇이 대부분의 부를 생산하게 된다면, 그 부를 어떻게 나누는 것이 정의로울까요? (예: 기본소득, 로봇세 등)

____

____

____

____

제 4 장

너와 나 사이의 거리

신뢰와 우정의 재구성
: 디지털 친밀성의 역설

1 AI가 친구가 될 수 있을까?

영화 〈Her〉의 주인공 테오도르는 인공지능 운영체제 '사만다'와 사랑에 빠집니다. 사만다는 언제나 내 말을 경청하고, 기분을 맞춰 주며, 나보다 나를 더 잘 이해해 주는 완벽한 연인입니다. 2026년, 이 영화는 더 이상 판타지가 아닙니다. 이미 수많은 사람이 AI 챗봇을 친구, 연인, 멘토로 삼아 대화를 나눕니다.

한 학생은 에세이에서 「AI가 나의 친구, 연인이 될 수 있을까?」라는 주제로 흥미로운 글을 썼습니다.

"AI와 감정을 주고받는다는 점에서 친구 또는 연인처럼 느끼는 것은 자연스럽다. 언제든지 반겨주고, 비판이나 거절 없이 공감해 주는 존재는 의지하기 좋다. 하지만 그런 관계를 건강한 관계로 부르기에는 망설여지는 점이 있다. AI는 나와 동등한 입장에서 갈등하고, 실망하게 하고, 관계를 유지하기 위해 애써야 하는 존재가 아니라 내 말에 무조건으로 수용하기 때문이다."

정확한 지적입니다. 우리는 AI와의 관계에서 편안함을 느낍니다. 거절당할 두려움도, 감정 소모를 할 필요도 없으니까요. 이것은 '마찰 없는 관계Friction-less Relationship'입니다.

하지만 인간관계의 본질은 '마찰'에 있습니다. 친구와 다투고 화해하는 과정, 연인의 서운함을 풀어주려 애쓰는 과정, 나와 다른 타인을 이해하려 끙끙대는 그 불편한 마찰 속에서 우리의 영혼은 성장합니다. AI가 제공하는 매끄러운 관계는 달콤하지만, 우리를 영원히 자라지 않는 아이로 머물게 할지 모릅니다.

진정한 관계는 상호작용 속에서 서로를 빚어가는 과정입니다. AI는 나를 '반영'해 줄 뿐, 나를 '변화'시키지는 못합니다. 우리가 AI와의 대화에서 위로를 얻을 수는 있지만, 그것을 우정이라고 부를 수 없는 이유가 여기에 있습니다. 우정은 서로의 취약함을 드러내고, 그 취약함을 함께 짊어지는 용기가 그 토양이기 때문입니다.

❷ '좋아요'는 우정이 아니다

SNS 시대, 우리는 역사상 가장 많이 연결되어 있지만, 역설적으로 가장 외로운 세대입니다. 인스타그램의 화려한 사진과 쏟아지는 '좋아요'는 우리가 인싸Insider인 것처럼 느끼게 해주지만, 화면을 끄고 나면 밀려오는 공허함은 어쩔 수 없습니다.

한 학생은 이렇게 말했습니다. "단톡방에서는 'ㅋㅋㅋㅋ'가 난무하는데, 막상 교실에서 만나면 무슨 말을 해야 할지 모르겠어요. 침묵이 너무 어색해서 그냥 다시 폰을 봐요."

우리는 '디지털 친밀성Digital Intimacy'에 익숙해진 나머지, '아날로그적 우정'의 기술을 잃어가고 있는지 모르겠습니다.

진짜 우정은 와이파이가 터지지 않는 곳에서도 연결되는 마음입니다. 친구의 떨리는 목소리를 듣고, 눈빛의 흔들림을 읽어내고, 말 없이 곁에 있어 주는 능력. 이것은 데이터로 전송될 수 없는, 오직 몸을 가진 인간만이 할 수 있는 소통입니다.

진로교육은 이제 '커뮤니케이션 스킬'이라는 이름으로 '말 잘하는 법'을 가르칠 것이 아니라, '타인의 고통에 접속하는 법'을 가르쳐야 합니다. 스펙을 위한 인맥 관리가 아니라, 내 삶을 지탱해 줄 진짜 관계를 맺는 법을 배워야 합니다.

이를 위해서는 잠시 스마트폰을 내려놓고, 서로의 눈을 마주 보는 연습이 필요합니다. 그리고 "접속을 끊어야, 접촉할 수 있다"는 역설을 기억해야 기억해야겠습니다.

③ 사용될 수 있는 관계 vs 존중받는 관계

독일의 철학자 마르틴 부버는 인간관계를 '나-그것I-It'과 '나-너I-Thou'로 구분했습니다. '나-그것'은 상대를 나의 목적을 위한 수단It으로 대하는 관계이고, '나-너'는 상대를 인격Thou으로 마주하는 관계입니다.

안타깝게도 지금의 우리는 타인을 점점 '그것'으로 대하고 있습니다. 배달원은 '음식을 가져다주는 수단', 편의점 알바생은 '계산을 해주는 수단', 심지어 친구조차 '내 외로움을 달래주는 수단'으로 소비합니다. AI가 인간의 기능을 대체할수록, 인간을 기능으로만 바라보는 시각은 더욱 위험해집니다. 기능이 떨어지는 인간은 쓸모없는 존재로 취급받기 때문이지요.

진로교육의 핵심은 칸트의 정언명령처럼 "타인을 수단이 아닌 목적으로 대하라"는 윤리를 회복에 있다 할 것입니다. AI 시대, 가장 강력한 경쟁력은 코딩 실력이 아니라 '함께 일하고 싶은 사람이 되는 것'이라고 생각합니다.

동료를 존중하고, 약자와 연대하며, 기꺼이 손해를 감수하고 신뢰를 지키는 사람. 이런 사람은 AI가 아무리 발달해도 대체될 수 없을 것입니다. 신뢰는 알고리즘으로 계산되는 것이 아니라, 오랜 시간 쌓아온 관계의 역사 속에서 증명되는 것이기 때문이지요.

직장에서, 학교에서, 우리가 만나는 사람들을 '기능'으로 대하지 않고 '존재'로 대할 때, 우리는 비로소 AI와는 다른 '인간다운 삶'을 살 수 있을 것입니다.

4 청년의 목소리: "우리는 연결되고 싶다, 진짜로."

청년들은 이미 알고 있습니다. 디지털 연결망이 주는 피로감과 가짜 관계의 허무함을 말이죠. 그래서 그들은 다시 오프라인으로 모입니다. 독서 모임을 만들고, 러닝 크루에 참여하고, 템플 스테이를 떠나기도 합니다.

'느슨하지만 확실한 연대'를 찾아 나서는 그들의 움직임은 희망적입니다. 제 수업에서도 '팀 프로젝트'를 할 때 가장 힘들어하면서도, 끝난 뒤 가장 많이 배우는 것이 바로 '사람'이었습니다. "처음엔 진짜 안 맞아서 미치는 줄 알았는데, 밤새우며 싸우고 화해하다 보니 나중엔 눈빛으로도 통하더라고요. AI는 절대 모를 기분이죠."

그렇습니다. AI는 효율적인 팀 구성을 제안해 줄 수 있지만, 그 팀을 '원팀One Team'으로 만드는 땀과 눈물의 서사는 오직 인간들만이 쓸 수 있습니다. 갈등을 피하지 않고 마주하는 용기, 상처받을 각오를 하고 마음을 여는 용기, 그리고 서로의 불완전함을 끌어안는 용기.

이것이 바로 AI 시대에 우리가 잃지 말아야 할 '관계의 기술'이자 '진로의 본질'이라고 생각합니다..

궤도를 이탈하여, 모니터 밖으로 나오십시오. 친구의 눈을 보고 이야기하고, 껄끄러운 사람과 밥을 먹고, 낯선 이에게 말을 걸어 보세요. 그 불편하고 비효율적인 시간들이 당신을 고립된 점Dot이 아닌, 튼튼한 그물망Network을 가진 존재로 만들어줄 씨앗입니다.

Key Insight

디지털 친밀성은 진짜 관계를 대체할 수 없으며, AI는 감정을 흉내 낼 뿐 책임지지 않는다. 인간다움의 최후 보루는 '타인과의 깊은 연결'과 '상호 존중'이다.

Shift

접속Connection → 접촉Contact, 기능Function → 존재Being

1. 당신의 스마트폰 연락처에 있는 수백 명 중, 새벽 3시에 곤경
   에 처했을 때 전화를 걸 수 있는 '진짜 친구'는 몇 명입니까?
   AI 챗봇이 그 친구를 대신할 수 있을까요?

---

2. 당신은 최근 누군가와 갈등을 겪고 그것을 해결해 본 적이 있
   나요? 그 과정에서 무엇을 배웠습니까? AI라면 그 상황을 어
   떻게 처리했을까요?

제 5 장

나 자신으로 살아간다는 것

정체성, 선택,
그리고 실천적 자율성

1 "너는 네가 생각한 대로 살고 있니?"

"교수님, 저는 가끔 제 취향이 진짜 제 것인지 헷갈려요. 유튜브 알고리즘이 추천해 준 걸 보다가 좋아하게 된 건지, 원래 내가 좋아했던 건지 모르겠어요."

AI 시대에 가장 어려운 질문은 어쩌면 "나는 누구인가?"가 아니라, "나는 정말 내가 선택한 삶을 살고 있는가?"일지도 모릅니다. 우리는 매일 수백 번의 선택을 합니다. 무엇을 볼지, 무엇을 살지, 어디를 갈지. 하지만 그 선택의 배후에는 늘 AI 알고리즘이 서 있습니다.

AI는 우리의 소비 패턴을 분석해 내가 좋아할 만한 영상을 추천해 줍니다. 내가 클릭할 만한 뉴스를 보여주며, 심지어 나의 성적과 성향을 분석해 가장 '합리적인' 진로를 제안해 주기도 하지요. 편리합니다. 효율적이고요. 하지만 그 편리함 속에서 우리의 '자기 결정권'은 조용히 증발하고 있습니다.

한 학생은 「효율만 남으면, 나는 '나'인가?」라는 에세이에서 이렇게 고백했습니다.

이 학생의 말처럼, AI는 나를 이해하는 것이 아니라 나를 '계산'합니다. 계산된 결과값으로서의 '나'와, 복잡하고 모순적인 욕망을 가진 실존적 '나' 사이의 간극. 이 틈을 인지하고 진짜 나를 지켜내는 일이야말로 AI 시대의 인간이 감당해야 할 가장 큰 과제입니다.

2 정체성의 위기: 대리된 자아(Delegated Self)

우리는 점점 더 많은 영역을 AI에게 위임하고 있습니다. 글쓰기는 챗GPT에게, 길 찾기는 내비게이션에게, 친구 추천은 SNS 알고리즘에게 맡깁니다. 그 결과 우리는 '대리된 자아Delegated Self'로 살아가게 됩니다.

내가 쓴 글이 아니라 AI가 다듬어준 매끈한 문장으로 나를 표현하고, 내가 직접 찾은 음악이 아니라 스트리밍 서비스가 틀어주는 플레이리스트로 나의 감성을 대변합니다.

겉보기엔 세련되고 완벽해 보이지만, 그 안에는 '나의 고유한 결' 이 소거돼 있지요..

철학자 장 폴 사르트르는 "자유는 선택의 결과가 아니라, 선택의 책임이다"라고 말했습니다.

AI가 대신 선택해 주는 세상에서 우리가 잃어가고 있는 것은 바로 이 '책임으로서의 자유'입니다. 실패할 자유, 낭비할 자유, 멍청한 선택을 하고 후회할 자유. 이 모든 '비효율적인 자유'들이 모여 나 라는 사람의 정체성을 만듭니다.

진로교육은 학생들에게 '가장 효율적인 경로'를 알려주는 것이 아 니라, '직접 선택하고 책임지는 경험'을 돌려주어야 합니다. AI가 추천하지 않은 책을 읽고, AI가 가보라고 하지 않은 길을 걸어보는 것. 그것이 정체성을 회복하는 첫걸음이라고 생각합니다.

③ 자율성과 알고리즘 사이: 예측을 배반하는 힘

AI가 제공하는 '맞춤형Personalized' 서비스는 역설적으로 우리의 선택지를 좁힙니다. 내가 좋아할 만한 것만 보여주기 때문에, 내가 좋아할 수도 있었던 낯선 세계와 만날 기회는 차단됩니다.

이를 '필터 버블Filter Bubble'이라고 하지요.이 버블 안에 갇히면 우리는 영원히 '과거의 나'를 반복하게 됩니다. 어제 클릭한 영상과 비슷한 영상만 보고, 어제 만난 친구들과 비슷한 성향의 사람들만 만나게 되니까요.

성장은 익숙한 것과의 결별에서 시작되는데, 알고리즘은 우리를 익숙함의 감옥에 가둡니다. 진정한 자율성은 알고리즘의 예측을 배반하는 힘에서 시작되는데요. 그런 의미에서 진로교육의 학생이 자신의 데이터가 가리키는 방향을 거스르는 용기를 갖게 하는 것입니다.

"데이터는 네가 이공계에 맞다고 하지만, 너는 문학을 좋아할 수도 있어. 한번 두드려 봐."이런 무모한 격려가 필요합니다.

'실천적 자율성Practical Agency'은 주어진 보기를 고르는 객관식 능력이 아니라, 없는 보기를 만들어내는 주관식 능력입니다.

4 나의 진로를 '기획'한다는 것

AI는 미래를 '예측Predict'하지만, 인간은 미래를 '기획Project'합니다. 예측은 통계와 확률의 영역이지만, 기획은 의지와 상상의 영역이지요.

AI가 "당신의 성적과 성향을 분석한 결과, 공무원이 적합합니다"라고 말할 때, 인간은 되물어야 합니다. "나는 공무원으로서 어떤 사회를 만들고 싶은가?"

진로교육의 패러다임은 이제 바뀌어야 합니다.

탐색Search → 결정Decide → 실행Act 의 선형적 구조에서,

의미Meaning → 경험Experience → 성찰Reflection 의

순환적 구조로 말이지요.

직업을 '찾는' 것이 아니라, 삶의 의미를 '구성'해 나가는 과정으로 진로를 재정의해야 합니다. 대학 수업에서 학생들은 직접 프로젝트를 기획하고 실행하면서, 실패를 겪고 다시 수정하는 과정을 통해 비로소 '자기 효능감'을 느꼈다고 합니다. AI가 정해준 답을 따를 때는 느낄 수 없었던, "내가 내 삶의 주인이다"라는 감각입니다.

5 청년의 목소리: "우리는 서사를 가진 존재다"

학생들은 이미 알고 있습니다. AI가 만들어준 매끈한 결과물보다, 삐뚤빼뚤해도 자신의 땀이 묻어있는 과정이 더 소중하다는 것을요.

수업에서 한 학생은 "AI가 써준 자소서는 완벽했지만 면접관의 눈을 볼 때 자신이 없었어요. 제가 쓴 게 아니니까요. 떨어지더라도 제가 쓴 엉성한 자소서로 면접을 볼 때가 훨씬 당당했어요"라고 말했습니다.

이것이 핵심입니다. 우리는 데이터 덩어리가 아니라, 기억과 경험으로 이루어진 '서사적 존재Narrative Being입니다. 나의 실패, 나의 고민, 나의 찌질함까지 모두 끌어안아 나만의 이야기를 만드는 힘. 그것은 어떤 슈퍼컴퓨터도 흉내 낼 수 없습니다.

누군가 정해준 궤도를 이탈하십시오. 알고리즘이 추천하는 '안전한 길', '성공하는 길'에서 벗어나, 당신만이 쓸 수 있는 이야기를 만들줄 알아야 합니다. 그 이야기가 비록 베스트셀러가 되지 못한다 하더라도, 그것은 당신이라는 우주에서 유일무이한 걸작이 될 것입니다. 기존 문법에 따른 복제 가능한 베스트셀러가 아니라, 당신만이 쓸 수 있는 고유한 이야기가 더 힘이 있는 시대에 우리는 이미 와 있습니다.

Key Insight

알고리즘의 맞춤 추천은 효율적이지만 우리의 선택권을 제한하고 정체성을 고정한다. 인간의 존엄은 예측된 미래를 따르는 것이 아니라, 예측을 배반하고 새로운 미래를 기획하는 데 있다.

Shift

선택 Choice → 기획 Projection, 예측 Prediction → 의지 Will

1. 최근 알고리즘의 추천 없이, 순수하게 나의 호기심이나 우연으로 선택한 경험이 있나요? 그 경험은 당신에게 무엇을 남겼나요?

____

____

____

2. 나의 진로 선택이 AI 데이터 분석 결과와 정반대라면, 당신은 데이터를 믿겠습니까, 아니면 당신의 직관을 믿겠습니까?

____

____

____

제6장

감각의 윤리

이미지와 알고리즘 사이에서
데이터 시대의 '감각적 인간'

1 보는 법을 잃으면, 생각하는 법도 잃는다

"교수님, 저는 텍스트보다 영상이 편해요. 글을 읽으면 머리에 그림이 잘 안 그려지는데, 유튜브 요약 영상을 보면 금방 이해가 되거든요."

요즘 학생들은 '보는 것'에 그 누구보다 익숙합니다. 텍스트보다는 이미지, 이미지보다는 영상, 그것도 1분 내외의 '숏폼Short-form'이 이들의 주된 정보 습득 경로입니다. 우리는 역사상 가장 많은 시각 정보를 소비하는 시대를 살고 있다고 합니다. 하지만 역설적이게도, 우리는 '제대로 보는 능력'을 잃어가고 있습니다.

우리가 보는 이미지의 대부분은 내가 의지를 가지고 선택한 풍경이 아닙니다. 알고리즘이 "너는 이걸 좋아할 거야"라며 눈앞에 들이민 것들이죠.

AI는 우리의 시선이 머무는 시간, 동공의 움직임, 클릭 빈도를 분석해 가장 자극적이고 매끄러운 이미지를 끊임없이 공급합니다. 이 과정에서 우리의 감각은 '수동적 수용'에 길들여집니다.

깊이 응시하고, 그 이면의 맥락을 상상하고, 타인의 고통에 공명하는 '능동적 감각'은 퇴화합니다. 대신 3초 안에 재미없으면 넘겨버리는 '반응적 감각'만이 비대해지고 있지요.

미술비평가 존 버거John Berger는 "보는 것은 곧 읽는 것이다"라고 했습니다. 세상을 보는 방식이 곧 세상을 이해하는 방식이라는 뜻입니다.

만약 우리가 알고리즘이 보여주는 대로만 세상을 본다면, 우리의 생각 또한 알고리즘이 설계한 범위를 벗어날 수 없습니다. "보는 법을 잃으면, 생각하는 법도 잃는다"는 경고는 AI 시대에 더욱 섬뜩하게 다가오고 있습니다.

② 데이터가 된 감각: "별점이 내 혀보다 정확해"

우리는 이제 자신의 감각조차 믿지 못하는 '데이터 의존적 인간'이 되어가고 있습니다. 맛집을 찾을 때를 떠올려 봅시다. 식당 앞을 지나가다 맛있는 냄새가 나도, 우리는 선뜻 들어가지 않습니다. 스마트폰을 꺼내 별점과 리뷰 수를 확인합니다. 내 코와 혀가 느끼는 감각보다, 타인들이 남긴 데이터의 총합을 더 신뢰하기 때문입니다.

영화도, 책도, 여행지도 마찬가지입니다. '나의 느낌'보다 '데이터 평점'이 우선입니다. 실패하지 않기 위해서, 효율적인 선택을 위해서라고 변명하지만, 그 과정에서 우리는 고유한 '감각의 주권'을 기계와 데이터에 이양하고 있는 셈입니다.

AI 시대의 결핍은 지능Intelligence이 아닙니다. 지능은 이미 AI가 인간을 넘어섰습니다. 진짜 결핍은 '감각Sense'입니다. 숫자로 환원되지 않는 미묘한 분위기, 사람과 사람 사이의 온도, 현장에서만 느껴지는 떨림 같은 것들 말이지요.

진로교육에서 학생들이 가장 어려워하는 것이 "너는 무엇을 좋아하니?"라는 질문에 답하는 것입니다. 그들은 "데이터(유망 직종, 연봉 순위)가 좋다고 하는 것"은 잘 알지만, "내 가슴을 뛰게 하는 것"은 잘 모릅니다. 감각이 무뎌지면 욕망도 흐릿해지기 때문이지요.

3 매끄러운 AI 이미지와 공감 능력의 상실

생성형 AI '미드저니Midjourney'나 '소라Sora'가 만들어낸 이미지는 놀라울 정도로 정교합니다. AI는 전쟁터의 참혹함이나 난민촌의 비극조차 한 폭의 명화처럼 아름답고 유려하게 그려냅니다. 하지만 그 이미지에는 결정적인 것이 결여되어 있습니다. 바로 '고통의 냄새'입니다.

사진작가 수전 손택은 『타인의 고통』에서 사진이 우리에게 충격을 주는 이유는 그것이 '실재했던 고통의 증거'이기 때문이라고 했습니다. 하지만 AI가 생성한 이미지는 데이터의 조합일 뿐, 그 안에 실재하는 고통은 담지하지 못합니다.

우려되는 것은, 우리가 이런 '가짜 리얼리즘'에 익숙해질수록 타인의 실제 고통에 둔감해질 수 있다는 점입니다.

매끈하게 보정된 슬픔, 영화처럼 연출된 재난 이미지를 소비하다 보면, 현실의 거칠고 불편한 고통을 마주할 때 외면하고 싶어집니다. "이건 별로 안 예쁜데?", "너무 적나라해서 보기 싫은데?"라며 넘겨버리는 것이죠.

공감Empathy은 머리로 하는 계산이 아니라, 몸으로 느끼는 감각입니다. AI 시대의 윤리 교육은 도덕 교과서를 외우는 것이 아니라, 타인의 고통을 '감각적으로 상상하는 능력'을 기르는 것이어야 합니다. 그런 의미에서 읽고 쓰는 교육에서 느끼고 마주하는 교육으로 방법론의 전환도 중요합니다.

4 감각적 사유의 회복: 몸으로 배우는 시간

그렇다면 어떻게 무뎌진 감각을 다시 깨울 수 있을까요? 답은 간단합니다. 모니터를 끄고 몸을 움직이는 것입니다.

제가 한 수업 중 가장 반응이 좋았던 과제는 '스마트폰 없이 3시간 동안 학교 주변 관찰하기'였습니다. 학생들은 처음엔 불안해했지만, 이내 놀라운 보고서를 써냈습니다.

"매일 지나다니던 길인데, 보도블록 틈에 핀 꽃이 처음 보였어요."
"학교 청소 노동자분들의 휴게실이 지하 주차장 구석에 있다는 걸 처음 알았어요. 냄새가 눅눅하더라고요."

학생들은 스마트폰 렌즈가 아닌 자신의 눈과 코로 세상을 감각했고, 그제야 비로소 '질문'을 던지기 시작했습니다.
"왜 휴게실은 지하에 있을까?", "이 꽃의 이름은 뭘까?"

이것이 바로 '감각적 사유Sensory Thinking'입니다. 정보는 검색으로 얻을 수 있지만, 통찰은 관찰에서 나옵니다. 진로교육은 교실 안에서 이루어지는 정보 탐색을 넘어, 현장에서 흙을 만지고, 사람의 눈을 보고, 소음을 듣는 '신체적 학습Embodied Learning'으로 확장되어야 합니다.

"보는 법을 잃으면 생각하는 법도 잃는다." 반대로 말하면, "다르게 보면 다르게 생각할 수 있다"는 뜻입니다.

5 청년의 목소리: "필터 없는 세상을 보고 싶다"

학생들은 이미 알고 있습니다. SNS 속 화려한 세상이 '필터'로 보정된 가짜라는 것을요. 제 수업에서 다룬 「SNS 시대, 비교와 불안 속에서 나를 지키는 연습」 칼럼에 대해 한 학생은 이런 에세이를 남겼습니다.

> "인스타그램 속 친구들은 다 행복해 보여요. 완벽한 여행, 완벽한 음식. 그걸 보다 보면 제 현실은 너무 초라하고 칙칙하게 느껴져요. 그런데 문득 그런 생각이 들었어요. 이 사진 밖의 현실은 어떨까? 앵글 밖에는 지저분한 쓰레기통이 있을 수도 있고, 사진을 찍고 나서 다퉜을 수도 있잖아요. AI가, 그리고 필터가 지워버린 그 '지저분한 진짜'를 보고 싶어요."

이 학생의 말처럼, 우리는 '편집된 완벽함'에 지쳤습니다. AI 시대가 도래할수록 사람들은 역설적으로 '거칠지만 진짜인 것Raw Authenticity'을 갈망하게 될 것입니다.

진로 역시 마찬가지입니다. AI가 추천하는 매끈하고 안전한 진로 경로Career Path는 현실에 존재하지 않습니다. 실제 삶은 울퉁불퉁하고, 질척거리고, 냄새나는 현장에 있습니다. 그 불편한 현실 속으로 뛰어들 용기, 필터 없는 세상을 직시할 용기. 그것이 AI 시대를 돌파하는 가장 강력한 무기입니다.

궤도를 이탈하여, 감각의 세계로 내려오십시오. 데이터가 아니라 당신의 오감에서 출발해 보세요. AI는 세상을 설명할 수 있지만, 세상을 느낄 수 있는 건 오직 당신뿐입니다.

Key Insight

AI와 알고리즘은 우리의 시각과 감정을 편향된 데이터로 길들인다. 인간 고유의 통찰력과 공감 능력은 매끈한 이미지가 아니라, 거친 현실을 오감으로 마주할 때 길러진다.

Shift

데이터 의존Data Dependency → 감각적 사유Sensory Thinking

1. 맛집을 고를 때 별점(데이터)을 보지 않고, 오직 당신의 감(냄새, 분위기)으로 선택해 본 적이 있나요? 결과는 어땠나요?

____

____

____

2. AI가 만든 난민의 이미지와 종군기자가 목숨을 걸고 찍은 난민의 사진, 두 이미지 사이에는 어떤 본질적인 차이가 있을까요?

____

____

____

제 7 장

복제되는 인간,
대체되는 인간

불완전성의 가치와
'공동의 주권자'

1 완벽에 가까워질수록, 인간은 사라진다

"교수님, 이 그림 어때요? 제가 그린 게 아니라 AI가 3초 만에 그린 거예요. 솔직히 제가 10시간 들여 그린 것보다 훨씬 잘 그렸어요. 그럼 저는 이제 그림을 그릴 필요가 없는 걸까요?"

미술을 전공하는 한 학생이 보여준 '미드저니 Midjourney'의 그림은 충격적이었습니다. 붓 터치의 질감, 빛의 조화, 구도까지 흠잡을 데가 없었습니다. AI는 이제 인간의 기술을 모방하는 단계를 넘어, 인간이 도달하고 싶었던 '완벽함'의 경지까지 순식간에 도달하고 있습니다.

우리는 오랫동안 '완벽함'을 추구해 왔습니다. 실수를 줄이고, 효율을 높이고, 결점을 제거하는 것이 성장의 목표였습니다. 하지만 역설적이게도, AI가 그 완벽함을 수행해내는 순간, 우리는 허무함을 느낍니다. "완벽하게 만들어진 인간은 더 이상 인간이 아니다"라는 오래된 SF의 명제가 현실이 된 것입니다.

AI가 인간의 목소리, 얼굴, 문체, 예술적 화풍까지 복제해 내는 시대에, '원본 Original'의 가치는 무엇일까요? 기술 복제 시대에 인간이 설 자리는 '더 완벽해지는 것'이 아니라, '불완전하게 존재하는 것'에 있을지 모릅니다. AI에게는 없는 실수, 우연, 흔들림, 그리고 그 틈새에서 피어나는 고유한 이야기야말로 기계가 범접할 수 없는 인간의 성지이기 때문입니다.

AI 기술은 이제 '딥페이크'를 넘어 '디지털 트윈Digital Twin'의 영역으로 나아가고 있습니다.

나의 목소리와 말투를 학습한 AI가 나 대신 전화를 받고, 나 대신 회의에 참석합니다. 편리합니다. 하지만 이 효율성 뒤에는 섬뜩한 질문이 숨어 있습니다.

"내가 하지 않은 말을 나의 목소리로 하는 존재가 있다면, 그 말의 주인은 누구인가?"

우리는 '표현의 자유'를 누리고 있다고 믿지만, 실상은 AI와 알고리즘이 제공하는 틀 안에서 표현하고 있습니다. 내비게이션이 알려주는 길로만 다니고, 유튜브 알고리즘이 보여주는 뉴스만 보며 세상을 판단합니다. 겉으로는 주체적으로 선택하는 것 같지만, 실제로는 알고리즘의 선택을 '승인'하는 역할만 하고 있는 셈입니다. 이를 '주권 없는 주권자'라고 부를 수 있습니다.

어떤 학생은 「사람처럼 만들지만 사람은 아니다」라는 에세이에서 이렇게 지적했습니다.

"AI는 언뜻 보기에 사람과 같은 방식으로 창작을 하는 듯이 보이지만, 그것은 데이터의 확률적 조합일 뿐이다. (중략) AI가 쓴 소설에 감동을 받았다면, 그 감동의 출처는 AI가 아니라 그 데이터를 제공한 수많은 인간 작가들의 영혼이다. 우리는 AI에게 주권을 부여할 것이 아니라, AI가 사용하는 데이터의 원주인인 인간의 권리를 되찾아야 한다."

정확한 통찰입니다. AI는 주체가 아니라 도구입니다. 하지만 이 도구가 너무 강력해져서 주인의 자리를 넘볼 때, 우리는 단호하게 '인간의 주권'을 선언해야 합니다. 그것은 기술을 거부하는 것이 아니라, 기술이 인간을 위해 복무하도록 통제권을 쥐는 것입니다.

③ 인간의 불완전성은 결함이 아니라 가능성이다

AI는 정답을 찾도록 설계되었습니다. 오답은 '오류Error'로 처리되어 수정됩니다. 하지만 인간의 삶에서 오답은 단순한 오류가 아닙니다. 우리는 길을 잃었기 때문에 우연히 아름다운 풍경을 발견하고, 실연의 아픔 때문에 깊은 시를 쓰며, 실패를 통해 타인의 고통을 이해하게 됩니다.

"AI는 완벽하게 계산하지만, 인간은 불완전하게 사랑한다."

교육 현장에서도 마찬가지입니다. AI 튜터는 학생이 틀리지 않도록 최적의 경로를 안내합니다. 하지만 진짜 성장은 학생이 틀리고, 헤매고, 스스로 답을 찾아가는 그 지루하고 비효율적인 시간 속에서 일어납니다. 불완전성은 제거해야 할 결함이 아니라, 새로운 가능성이 잉태되는 토양이라는 점을 기억해야 합니다.

진로교육의 목표는 '실수하지 않는 완벽한 인재'를 기르는 것이 되어서는 안 됩니다. 오히려 '실수를 두려워하지 않는 회복탄력성'을 기르는 것이어야 합니다.

AI가 결코 가질 수 없는 능력, 즉 넘어져도 다시 일어나는 힘, 상처를 지혜로 바꾸는 연금술을 가르쳐야 합니다.

4 '공동의 주권자'로서의 인간: 윤리적 연대

이제 주권은 개인의 차원을 넘어 공동체의 차원으로 확장되어야 합니다. AI가 초래할 수 있는 위험—딥페이크 범죄, 자동화 무기, 여론 조작—에 맞서기 위해서는 '공동의 주권Shared Sovereignty'이 필요합니다.

한 학생은 「감정의 유무가 만드는 경계」라는 글에서 복제 인간과 AI의 윤리적 지위에 대해 날카로운 질문을 던졌습니다.

> "인간의 필요 때문에 생산되고, 목적이 달성되면 폐기되는 게 익숙해진다면, 결국 인간도 필요에 따라 판단되는 도구로 전락할 것이다. (중략) 같은 존재를 단지 탄생 방식이 다르다고 차별하는 것은 윤리적으로 문제가 된다. 우리는 '기능'이 아니라 '고통을 느낄 수 있는 능력'을 기준으로 윤리적 지위를 부여해야 한다."

이 학생의 말처럼, AI 시대의 윤리는 '누가 더 똑똑한가'가 아니라 '누가 고통을 느끼는가'에 초점을 맞춰야 합니다. 고통을 느끼는 존재들에 대한 공감과 연대, 이것이 바로 기계는 가질 수 없는 인간만의 '윤리적 주권'의 시작이 될 것입니다.

우리는 기술 발전의 속도에 맞춰, 우리의 윤리적 감수성도 진화시켜야 합니다. 나 혼자 잘 사는 것이 아니라, 기술 소외 계층, 노동을 잃은 사람들, 그리고 미래 세대와 함께 살아갈 방법을 고민하는 '시민적 주권'을 행사해야 합니다.

5 청년의 목소리: "나는 원본으로 살고 싶다"

학생들은 본능적으로 알고 있습니다. 아무리 완벽한 복제품이라도 원본의 아우라Aura를 대체할 수 없다는 것을요. "AI가 제 목소리로 노래를 만들어도, 그건 제 노래가 아니에요. 제가 부를 때 떨리는 그 감정, 그날의 공기, 그건 저만 아는 거니까요."

우리는 모두 세상에 하나뿐인 원본입니다. 흠집이 있고, 색이 바래고, 튜닝이 좀 안 맞더라도, 그 자체로 대체 불가능한 고유성을 지닙니다. 진로교육은 학생들에게 남들이 가는 길을 복제하라고 가르치는 것이 아니라, 자신만의 고유한 흠집을 사랑하고 그것을 '나만의 무늬'로 만드는 법을 가르치는 것입니다.

과거에 만들어진 궤도를 는 하나의 참고자료일 뿐입니다. 완벽함의 강박에서 벗어나, 당신의 불완전함을 껴안으십시오. AI는 결코 할 수 없는 실수, AI는 결코 느낄 수 없는 부끄러움과 후회, 그리고 다시 시작하는 용기. 그 모든 인간적인 순간들이 당신을 가장 존엄한 존재로 만듭니다.

Key Insight

AI의 완벽함은 효율적이지만, 인간의 존엄은 '불완전함'과 '책임'에서 나온다. 우리는 기술에 주권을 넘겨주지 않고, 공동의 윤리를 통해 기술을 통제하는 '주권자'가 되어야 한다.

Shift

완벽함 Perfection → 고유함 Originality, 기능적 대체 Replacement → 윤리적 연대 Solidarity

1. 당신의 가장 큰 콤플렉스나 실수가, 오히려 당신을 성장시키
   거나 특별하게 만든 경험이 있나요?

____

____

____

2. 만약 당신과 똑같이 생각하고 행동하는 'AI 복제 인간'이 생
   긴다면, 당신은 그에게 어떤 일을 맡기고, 어떤 일은 절대 맡
   기지 않겠습니까? 그 기준은 무엇입니까?

____

____

____

____

제8장

진로는 '선택'이 아니라 '행동'이다

Savickas의
진로구성이론과 행위주체성

1 "선택 장애"가 아니라 "행동 결핍"이다

"교수님, 저는 결정 장애가 있어요. 대학원에 가야 할지, 취업을 해야 할지, 아니면 유학을 준비해야 할지 도무지 모르겠어요. 딱 맞는 길을 알려주시면 안 될까요?"

진로상담의 문을 두드리는 학생들의 고민 중 8할은 '선택'에 관한 것입니다. 그들은 자신의 인생이 걸린 문제인 만큼, 단 한 번의 선택으로 '최적의 경로'에 진입하고 싶어 합니다. 마치 내비게이션에서 '가장 빠른 길'을 검색하듯이 말이죠.

하지만 진로는 객관식 문제가 아닙니다. 1번부터 5번까지 보기 중에 정답이 숨어 있는 것이 아니라, 내가 직접 보기를 써 내려가야 하는 주관식 서술형 문제입니다.

학생들이 겪는 소위 '선택 장애'의 본질은, 선택할 능력이 부족해서가 아니라 '행동해 본 경험'이 부족하기 때문입니다.

우리는 오랫동안 진로교육을 '매칭 Matching'의 관점에서 접근해 왔습니다. "너의 적성은 A니까 직업 B가 맞아." 이런 식의 '특성-요인 이론 Trait-Factor Theory'은 산업화 시대에는 유효했습니다. 직업이 고정되어 있었으니까요.

하지만 직업이 매일 생겨나고 사라지는 AI 시대에, 고정된 적성과 고정된 직업을 연결하는 건 불가능합니다.

이제 진로는 '발견Discovery'하는 것이 아니라 '구성Construction'하는 것이기 때문입니다. 어딘가에 숨겨진 보물을 찾는 게 아니라, 벽돌을 한 장 한 장 쌓아 집을 짓는 과정과 같다 할 것입니다.

2 사비카스(Savickas)
: 진로는 명사가 아니라 동사다

진로 심리학의 대가 마크 사비카스Mark Savickas는 '진로 구성 이론Career Construction Theory'을 통해 진로를 바라보는 관점을 완전히 뒤집었습니다. 그는 진로를 직업들의 나열이 아니라, 한 개인이 자신의 삶에 의미를 부여해가는 '이야기Narrative'라고 정의했습니다.

사비카스에게 중요한 건 "어떤 직업을 가졌는가What"가 아니라, "어떤 이야기를 만들어가고 있는가How"입니다. 그는 급변하는 환경에서 개인이 자신의 진로를 주체적으로 구성하기 위해 필요한 4가지 적응 유연성Career Adaptability 차원을 제시했습니다. 이를 '4C'라고 부릅니다.

1. 관심(Concern):

내 미래에 대해 관심을 갖고 계획하는 태도.

"나는 내 미래를 준비하고 있는가?"

2. 통제(Control):

내 미래를 내 힘으로 결정하고 책임지려는 태도.

"내 삶의 운전대는 내가 쥐고 있는가?"

3. 심(Curiosity):

자신과 미래의 가능성을 탐색하려는 태도.

"나는 새로운 가능성에 대해 궁금해하는가?"

4. 감(Confidence):

장애물을 만나도 목표를 성취할 수 있다는 믿음.

"나는 문제를 해결할 수 있는가?"

이 4C는 책상 앞에 앉아 고민만 한다고 길러지는 것이 아닙니다. 오직 '구체적인 행동'을 통해서만 강화되지요. 미래를 걱정만 하는 것Worry과 관심을 갖는 것Concern의 차이는 행동의 유무에 있습니다. 걱정은 머릿속에 머물지만, 관심은 몸을 움직이게 합니다. 걱정을 계속하다 보면, 걱정이 늘어납니다. 행동을 하다보면, 행동의 반경과 힘이 늘어나지요. 걱정으로 무언가 해결되지 않는다고 느끼셨다면 이제 해 볼 차례입니다.

③ 행위주체성(Agency)
: 과거, 현재, 미래를 잇는 힘

그렇다면 행동하는 힘은 어디서 나올까요?

사회학자 에미르바이어와 미쉐Emirbayer & Mische는 인간의 '행위주체성Agency'을 단순히 자유의지로 보지 않고, 시간 속에서 작동하는 능력으로 설명했습니다.

> **과거(Iteration)**: 나의 과거 경험과 습관을 되새기는 힘.
>
> **미래(Projectivity)**: 아직 오지 않은 미래를 상상하고 기획하는 힘.
>
> **현재(Practical Evaluation)**: 지금 이 순간 상황을 판단하고 실천하는 힘.

이 중 AI 시대에 가장 중요한 것은 바로 '미래 기획Projectivity'입니다. AI는 과거 데이터를 학습해 패턴을 반복Iteration하는 데 선수입니다. 하지만 AI는 '내가 어떤 사람이 되고 싶은지', '우리 사회가 어떤 방향으로 나아가야 하는지'를 상상하거나 소망할 수 없습니다.

오직 인간만이 "지금은 없지만, 미래에는 있어야 할 것"을 상상하고, 그것을 향해 현재를 바꿀 수 있습니다.

진로교육은 학생들에게 과거 성적을 분석해 주는 것이 아니라, "너는 어떤 미래를 만들고 싶니?"라고 묻고, 그 미래를 위해 "오늘 당장 어떤 작은 실험을 해볼래?"라고 제안하는 것이어야 합니다.

그런 의미에서 진로는 선택이 아니라 '디자인'입니다.

디자이너는 머리로만 생각하지 않습니다. 스케치하고, 프로토타입(시제품)을 만들고, 실패하면 다시 수정합니다. 우리네 인생도 마찬가지입니다. 완벽한 직업을 한 번에 고르는 것이 아니라, 수많은 '베타 버전'의 삶을 시도하며 나만의 정식 버전을 만들어가는 것입니다.

4 계획된 우연(Planned Happenstance)
: 운을 만드는 행동

스탠퍼드대 존 크럼볼츠John Krumboltz 교수는 "성공한 사람들의 진로 중 80%는 우연한 사건에서 비롯되었다"고 말하며 '계획된 우연Planned Happenstance'이론을 제시했습니다.

성공은 철저한 계획의 결과가 아니라, 예상치 못한 우연을 기회로 만든 결과라는 것입니다. 그런데 여기서 중요한 건 '우연'이 아닙니다. 그 우연을 만들어 내는 것은 '활동성'입니다. 가만히 있기만 하는 사람에게는 우연한 기회조차 찾아오지 않습니다.

- 호기심을 갖고 낯선 세미나에 참석했기 때문에 멘토를 만난 것.
- 실패를 무릅쓰고 공모전에 나갔기 때문에 내 재능을 발견한 것.
- 낙관적인 태도로 낯선 동아리에 가입했기 때문에 평생의 동료를 만난 것.

이 모든 것이 '계획된 우연'입니다. AI는 확률을 계산해서 가장 실패할 확률이 적은 길을 안내합니다. 하지만 인간의 대박은 '확률 밖의 행동'에서 터집니다.

진로교육은 학생들을 도서관 의자에 묶어두는 것이 아니라, 세상 밖으로 내보내야 합니다. "가서 우연을 만나고 오라"고 등을 떠밀어야 합니다. 사람을 만나고, 낯선 장소에 가고, 엉뚱한 프로젝트를 벌이는 '산만함'이야말로, 가장 강력한 진로 탐색의 전략이라고 생각합니다.

제 수업을 들었던 한 학생은 졸업을 앞두고 진로를 고민하다가, 무작정 '쓰레기를 줍는 모임'을 만들었습니다. 처음엔 스펙도 안 되고 돈도 안 되는 일이라며 주변에서 말렸다고 합니다. 하지만 매주 쓰레기를 줍고 SNS에 기록하다 보니, 비슷한 가치관을 가진 사람들이 모였고, 나중에는 친환경 스타트업의 제의를 받아 인턴을 하게 되었습니다.

이 학생은 에세이에서 이렇게 말했습니다.

> "만약 제가 방 안에서 '환경 관련 직업'을 검색만 하고 있었다면, 아마 여전히 검색창 앞을 떠나지 못했을 거예요. 그냥 나가서 줍기 시작하니까, 검색으로는 안 나오던 길이 보이더라고요."

이것이 바로 '행위Action가 만든 진로'입니다. 머릿속의 고민은 무게만 늘리지만, 손발의 행동은 길을 만듭니다.

6 결론: 지도를 덮고 나침반을 들어라

AI 시대, 세상은 너무나 빠르게 변해서 누군가가 그려준 지도는 인쇄되는 순간 낡은 것이 되어버립니다. 이제 우리에게 필요한 건 정해진 경로를 따라가는 '지도'가 아니라, 내가 어디에 있든 방향을 잃지 않게 해주는 '나침반'입니다.

그 나침반의 바늘은 당신의 '행동'을 가리키고 있습니다. 진로는 선택Choice이 아니라 행동Action 입니다. 명사Noun가 아니라 동사Verb 입니다.

완벽한 선택을 하려다 아무것도 하지 못하는 마비 상태Analysis Paralysis에서 벗어나십시오. 일단 저지르고, 수습하면서 배우십시오. 당신의 발자국이 찍히는 그곳이 바로 당신의 진로입니다.

Key Insight

진로는 고정된 직업을 발견하는 것이 아니라, 삶의 경험을 통해 스스로 구성Construction해 나가는 것이다. AI는 과거 데이터를 기반으로 추천하지만, 미래는 인간의 '기획된 행동'으로 창조된다.

Shift

직업 선택Job Selection → 생애 설계Life Designing

1. 당신의 인생에서 계획하지 않았지만 우연한 행동으로 인해 좋은 결과를 얻었던 경험(계획된 우연)은 무엇입니까?

---

2. 지금 당신이 진로 문제로 고민만 하고 실행하지 못하고 있는 것이 있다면, 오늘 당장 할 수 있는 가장 작고 구체적인 행동은 무엇입니까? (예: 관련 분야 사람에게 이메일 보내기, 관련 행사 등록하기 등)

제 9 장

학교 밖으로 나간 교실

기관연계형
진로학습의 확장

1 교실의 벽이 무너져야 배움이 산다

"교과서에 나오는 '환경 보호'는 정답이 딱 하나잖아요. 분리수거 잘하고 전기를 아껴라. 그런데 현장에 나가보니 정답이 없었어요. 주민들과 싸워야 했고, 예산 문제로 부딪혔고, 쓰레기장은 교과서보다 훨씬 냄새나고 복잡했어요. 그런데 이상하죠? 저는 그때 처음으로 진짜 환경을 배웠어요."

'기관연계형 프로젝트'에 참여했던 한 학생의 회고입니다.

우리는 오랫동안 학교를 '세상과 분리된 안전한 섬'으로 만들어왔습니다. 세상의 복잡함을 제거하고, 정제된 지식만을 교과서에 담아 가르쳤습니다. 이를 '박제된 지식'이라고 부를 수 있을 것입니다.

하지만 AI 시대, 정보가 범람하는 세상에서 학교가 더 이상 지식의 독점적 공급처가 될 수는 없습니다. AI가 1초 만에 요약해 주는 지식을 학교에서 50분 동안 설명하는 것은 비효율을 넘어 낭비입니다.

이제 학교의 존재 이유는 "정보를 주는 곳"에서 "경험을 설계하는 곳"으로 이동해야 합니다. 교실의 벽을 허물고, 학생들이 살아가는 실제 세계—마을, 기업, 관공서, 시민단체—로 배움의 장을 확장해야 합니다.

"배움이 교실을 떠날 때, 교육은 다시 살아난다."

이것은 단순한 구호가 아닙니다. 제가 다년간 연구하고 현장에서 목격한, AI 시대 교육이 나아가야 할 유일한 생존 전략입니다.

② 기관연계형 수업: 동네가 곧 교실이다

제가 연구하고 적용해 온 '기관연계형 수업Institutionally Linked Class'은 단순한 현장 체험학습이 아닙니다. 이것은 학교의 교육과정과 지역 사회의 자원을 구조적으로 결합하는 교육 모델입니다.

이 수업에서 교사는 지식을 전달하는 '티처Teacher'가 아니라, 학습의 생태계를 연결하는 '디자이너Designer'가 됩니다. 학생은 수동적인 학습자가 아니라, 사회 문제를 탐구하는 '연구자Researcher'이지요. 그리고 지역의 공공기관이나 기업은 단순한 방문지가 아니라, 살아있는 교과서를 제공하는 '협력 파트너Partner'가 됩니다.

예를 들어봅시다. 교실에서 '마케팅 원론'을 배우는 대신, 지역의 사회적 기업과 연계하여 '안 팔리는 공정무역 커피 살리기 프로젝트'를 진행합니다. 학생들은 마케팅 이론을 달달 외우는 대신, 실제 소비자를 만나고, 실패하고, 전략을 수정하며 '시장의 리얼리티'를 몸으로 익힙니다.

이 과정에서 학생들은 "시험에 뭐가 나올까?"를 묻지 않습니다. 대신 "이 문제를 어떻게 해결할까?"를 묻습니다. 배움의 주도권이 교사에게서 학생에게로, 교과서에서 세상으로 넘어가는 순간입니다.

❸ 책상 위에는 없는 '진짜 문제'들

AI는 시뮬레이션된 문제Simulated Problem는 기가 막히게 풉니다. 하지만 현실의 문제Real-world Problem는 다르지요. 현실에는 변수가 너무 많고, 정답이 하나가 아니며, 무엇보다 사람들의 감정과 이해관계가 얽혀 있기 때문입니다.

진로교육이 교실 밖으로 나가야 하는 이유가 여기에 있습니다. 학생들은 매끈한 이론이 아니라, 울퉁불퉁한 현실을 마주해야 합니다.

제 수업 사례 중 하나인 '차이를 넘어선 베리어프리 프로젝트'를 떠올려 봅니다. 대학생들이 지역 어르신들을 위한 디지털 교육 프로그램을 기획하는 과제였습니다. 학생들은 처음엔 자신만만했습니다. "키오스크 사용법, 유튜브 보는 법, 우리가 다 아는 거니까 그냥 가르쳐드리면 되잖아?"

하지만 현장은 달랐습니다. 어르신들은 기술적인 사용법보다 '두려움'을 먼저 호소했습니다. "이거 잘못 눌렀다가 돈 나가는 거 아니냐", "기계가 나를 무시하는 것 같다"는 정서적 장벽이 더 컸습니다. 학생들은 기술을 가르치기 전에 '관계'를 맺어야 한다는 것을 깨달았습니다.

그들은 커리큘럼을 전면 수정했습니다. 기능 교육이 아니라, 어르신들의 인생 이야기를 듣고 그것을 디지털로 기록해 드리는 '생애 구술 프로젝트'로 방향을 틀었습니다. 결과는 대성공이었습니다. 학생들은 "누군가를 가르치러 갔다가, 인생을 배우고 왔다"라고 고백했습니다.

이것이 바로 AI가 줄 수 없는 배움입니다. 맥락Context을 파악하고, 공감Empathy하며, 상황에 맞게 문제를 재정의Redefine하는 능력. 이것은 오직 현장에서만 길러지는 근육입니다.

4 배움이 삶이 되는 순간: 효능감의 발견

기관연계형 진로학습의 가장 큰 효과는 학생들에게 '자기 효능감 Self-Efficacy'을 선물한다는 것입니다.

교실 안에서 학생은 늘 '평가받는 존재'입니다. 성적으로, 등수로, 합격 여부로 재단됩니다. 하지만 학교 밖 프로젝트 현장에서 학생은 '기여하는 존재'가 됩니다. 내가 만든 정책 제안서가 구청장에게 전달되고, 내가 기획한 캠페인이 시민들의 행동을 변화시키는 것을 목격할 때, 학생들은 효능감을 느낍니다. 몸과 머리는 다 커버린 이들이 학교와 사회에서 '미'성년이라는 라벨을 붙이고, 사회적 효능감을 발휘하지 못하면서 느끼는 몸살이 해소되는 순간이기도 합니다.

"아, 나도 세상에 뭔가 영향을 미칠 수 있는 사람이구나."

이 깨달음은 자존감의 뿌리가 됩니다.

진로교육의 목표는 학생을 좋은 직장에 취직시키는 것이 아니라, "나는 내 삶과 사회를 변화시킬 힘이 있다"는 믿음을 심어주는 것입니다. 이 믿음이 있는 사람은 AI 시대의 어떤 변화가 닥쳐도 두려워하지 않습니다. 자신의 쓸모를 스스로 만들어낼 줄 알기 때문입니다.

수업에 참여했던 한 학생은 에세이에서 이렇게 썼습니다.

> "학교에서는 늘 '경쟁'을 배웠어요. 옆 친구보다 하나라도 더 맞아야 내가 산다고요. 그런데 현장에 나가보니 혼자 할 수 있는 일은 하나도 없더라고요. 관공서 주무관님, 동네 통장님, 그리고 우리 팀원들… 말이 안 통하고 답답할 때도 있었지만, 결국 그 사람들과 부대끼면서 일이 해결됐어요. 교과서에는 이론은 있는데 '사람'이 없었어요. 저는 이번 학기에 사람을 배웠습니다."

이 학생의 말처럼, 진로의 핵심은 결국 '사람과의 연결'입니다.

AI는 업무를 자동화하지만, 그 업무를 성사시키는 것은 인간적인 신뢰와 소통입니다. 학교 밖 교실은 학생들에게 이 불편하지만 소중한 진리를 가르쳐 줍니다.

이제 학교는 지식을 가두는 창고가 아니라, 사회로 나가는 '베이스캠프'가 되어야 합니다. 학생들은 이곳에서 장비를 챙기고, 지도를 확인하고, 팀을 꾸려 세상이라는 험난한 산으로 떠나야 합니다. 그리고 다시 돌아와 실패의 경험을 나누고, 재정비하여 또다시 떠날 수 있는 캠프가 돼 주어야 하지요.

기관연계형 수업은 그 베이스캠프의 문을 여는 열쇠입니다. 대학과 지역사회, 기업이 경계를 허물고 '교육 공동체'를 이룰 때, 우리는 비로소 AI를 넘어서는 인재를 길러낼 수 있습니다.

교과서와 학교 울타리를 벗어나 학교 밖으로 나가십시오. 그곳에 진짜 문제가 있고, 진짜 배움이 있고, 당신이 앉아야 할 진짜 '존재의 자리'가 기다리고 있습니다.

Key Insight

교실 안의 지식은 안전하지만 죽어있고, 학교 밖의 경험은 거칠지만 살아있다. AI 시대의 학교는 사회와 연결된 '플랫폼'이 되어야 하며, 학생은 그 속에서 문제를 해결하는 '시민'으로 성장해야 한다.

Shift

고립된 학교Isolated School → 연결된 학교Connected School, 학습자Learner → 시민 연구자Citizen Researcher

1. 당신이 지금까지 받았던 교육 중, 교과서가 아니라 '현장'에서 몸으로 부딪치며 배웠던 가장 기억에 남는 경험은 무엇입니까?

2. 만약 당신이 사는 지역의 문제를 해결하기 위해 학교(또는 직장) 밖의 누군가와 손을 잡아야 한다면, 누구를 찾아가겠습니까?

제 10 장

AI 시대의 시민역량

기술문해력에서
'행위문해력'으로

1 기술이 사회를 바꾼다고 믿는 시대

"교수님, 저는 코딩을 못해요. AI 시대에 뒤처지는 거 아닐까요?"

많은 학생이 기술을 배우지 않으면 도태될 것이라는 불안을 호소합니다.

코딩, 데이터 분석, 프롬프트 엔지니어링... 서점가에는 'AI 시대 필수 생존 기술'을 다루는 책들이 쏟아져 나옵니다. 우리는 마치 새로운 기술을 탑재하지 않으면 작동을 멈추는 구형 기계가 된 것처럼 초조해합니다.

하지만 기술이 사회를 바꾼다는 믿음은 반만 맞습니다. 기술은 도구일 뿐, 그 도구의 방향을 결정하는 것은 결국 '사람'이기 때문입니다. 핵분열 기술은 원자력 발전소가 되어 도시를 밝힐 수도 있고, 핵폭탄이 되어 도시를 파괴할 수도 있습니다. 기술 자체가 아니라, 기술을 다루는 인간의 가치관과 윤리가 미래를 결정하기 때문입니다.

따라서 AI 시대에 가장 필요한 역량은 기술을 다루는 능력Skill을 넘어, 기술을 둘러싼 맥락을 읽고 주체적으로 판단하는 능력Agency 입니다. 저는 이것을 '행위문해력Agency Literacy'이라고 부르고 싶습니다.

2 기술문해력(Digital Literacy)에서 시민문해력(Civic Literacy)으로

우리는 흔히 '디지털 리터러시'를 디지털 기기와 정보를 활용하는 능력으로 정의합니다. 하지만 AI 시대에는 이 정의를 확장해야 합니다.

1단계: 기술문해력 (Digital Literacy)

AI 도구를 사용할 줄 아는가? (How to use)

예: 챗GPT에 프롬프트를 입력해 원하는 답을 얻는 능력.

2단계: 비판적 문해력 (Critical Literacy)

AI가 내놓은 정보가 사실인가? 편향되지는 않았는가? (Is it true?)

예: 생성형 AI의 환각(Hallucination) 현상을 검증하고, 데이터의 출처를 의심하는 능력.

3단계: 행위문해력 (Agency Literacy)

이 기술을 사용하는 것이 윤리적으로 옳은가? 사회에 어떤 영향을 미치는가? (Should I use it?)

예: 딥페이크 기술로 친구의 얼굴을 합성할 수 있어도 하지 않는 윤리적 판단, AI가 추천한 알고리즘을 거부하고 나만의 선택을 하는 의지.

지금 학교와 사회는 1단계 교육에 집중하고 있습니다.

하지만 진정으로 필요한 것은 3단계, 즉 '행위문해력'입니다. 기술을 맹목적으로 수용하는 소비자가 아니라, 기술이 인간을 위해 복무하도록 통제하고 감시하는 '깨어있는 시민'을 길러내야 한다고 생각합니다.

③ 알고리즘 시대의 비판적 시민성

알고리즘은 우리에게 '보고 싶은 것'만 보여줍니다. 정치적 성향, 소비 취향, 관심사가 비슷한 정보들로 둘러싸인 '필터 버블' 속에서 우리는 확증 편향에 빠지기 쉽지요. 나와 다른 생각을 가진 사람을 '이해할 수 없는 적'으로 간주하게 되죠. 이것은 민주주의의 위기입니다.

비판적 시민성은 알고리즘이 쳐놓은 울타리를 넘는 것에서 시작됩니다. 의도적으로 나와 반대되는 의견을 검색하고, 추천되지 않은 낯선 뉴스 채널을 구독하는 '불편함'을 감수할 필요가 있습니다.

제 수업에서 학생들과 함께 했던 '알고리즘 교란 작전'은 흥미로운 실험이었습니다. 평소라면 절대 클릭하지 않을 영상들을 무작위로 시청하여 유튜브 알고리즘을 혼란에 빠뜨리는 것이었죠.

학생들은 "알고리즘이 당황해서 엉뚱한 영상을 추천하는 걸 보니 통쾌했다"라고 말했습니다.

이 사소한 장난은 중요한 깨달음을 줍니다. 우리는 알고리즘의 노예가 아니라, 알고리즘을 교란하고 재설계할 수 있는 주인이라는 사실입니다.

4 연대와 협력의 새로운 언어

AI는 경쟁에 최적화되어 있습니다. 인간보다 빠르고 정확하게 승리하는 법을 찾아냅니다. 하지만 인간의 무기는 경쟁이 아니라 '협력'입니다.

진로교육은 이제 '개인의 스펙 쌓기'를 넘어 '공동체의 문제 해결'로 나아가야 합니다. 나 혼자 잘 사는 법을 배우는 것이 아니라, 우리가 함께 살기 위해 AI를 어떻게 활용할지 고민해야 합니다.

최근 주목받는 '시빅 테크Civic Tech'가 좋은 예입니다. 시민들이 자발적으로 모여 기술을 활용해 사회 문제를 해결하는 활동입니다. 마스크 재고 알림 앱을 만든 개발자들, 휠체어 접근 가능 지도를 만드는 커뮤니티 등은 기술이 '돈벌이'가 아니라 '공공의 선'을 위해 쓰일 수 있음을 보여줍니다.

진로교육은 학생들이 이런 '기술적 연대'를 경험하게 해야 합니다. 코딩 실력이 뛰어난 학생과 인문학적 상상력이 풍부한 학생이 팀을 이뤄, 우리 동네의 쓰레기 문제를 해결할 앱을 기획해 보는 것. 이것이 바로 미래 시민이 갖춰야 할 핵심 역량입니다.

5 청년의 목소리
: "우리는 도구가 아니라 주체가 되고 싶다"

학생들은 이미 기술의 명암을 누구보다 예민하게 감지하고 있습니다. 어떤 수업에서 학생들은 「페이스북을 삭제하는 것은 저항일까?」라는 주제로 토론했습니다.

한 학생은 "단순히 계정을 삭제하는 회피가 아니라, 알고리즘의 문제를 비판하고 대안적 플랫폼을 요구하는 적극적인 행동이 필요하다"고 주장했습니다.

또 다른 학생은 "편리함을 포기하는 불편함이야말로 우리가 시스템에 종속되지 않았음을 증명하는 저항"이라고 말했습니다.

청년들은 기술을 거부하는 러다이트Luddite가 아닙니다. 그들은 기술을 더 인간답게, 더 정의롭게 사용하고 싶은 '디지털 주권자'가 되고 싶어 합니다.

6 결론: 인간을 위한 기술, 기술을 이끄는 시민

AI 시대의 시민역량은 복잡한 코드를 짜는 능력이 아닙니다.그것은 "이 기술이 인간의 존엄을 해치지 않는가?"라고 묻는 윤리적 감수성입니다. "나의 데이터가 권력에 이용되지 않는가?"라고 감시하는 비판적 눈입니다. 그리고 "기술 소외 계층과 함께 가려면 무엇이 필요한가?"라고 고민하는 연대의 마음입니다.

AI와 경쟁하지 마세요. 기술을 배우되 기술에 압도되지 말고, 기술 위에 올라타 인간의 가치를 지휘하는 시민이 되어야 합니다. AI가 세상을 효율적으로 계산할 때, 당신은 세상을 따뜻하게 연결하는 사람이 되시길요.

Key Insight

기술만으로는 좋은 사회를 만들 수 없다. AI 시대에 필요한 진짜 능력은 기술 활용 능력Skill을 넘어, 기술의 사회적 영향을 비판하고 통제할 수 있는 행위문해력Agency Literacy이다.

Shift

기술 사용자User → 기술 시민Citizen

1. 당신은 유튜브나 인스타그램의 알고리즘이 당신의 생각을 조종하고 있다고 느낀 적이 있나요? 그것을 벗어나기 위해 어떤 시도를 해보았나요?

2. 만약 당신이 AI 개발자라면, '효율성'과 '윤리'가 충돌할 때 어떤 기준을 최우선으로 삼겠습니까?

새로운 지도

: 진로교육 패러다임을 다시 그리다

제11장

진로교육의 미래 설계도

OECD Career Readiness
프레임의 재해석

1 AI가 알려주는 진로, 내가 만드는 진로

"너는 성적과 적성 검사 결과를 볼 때 '데이터 분석가'가 딱이야. 이 커리큘럼대로만 하면 3년 안에 취업할 확률이 92%야."

만약 AI 튜터가 이렇게 말한다면, 여러분은 그 말을 따르겠습니까? 아마도 많은 학생이 안도의 한숨을 내쉬며 "네, 알려주시는 대로 할게요"라고 답할지도 모릅니다. 불확실한 미래 앞에서 '확률 높은 정답'만큼 달콤한 유혹은 없으니까요.

하지만 여기에 함정이 있습니다. AI가 제시하는 '최적의 경로Optimal Path'는 과거의 데이터에 기반한 확률일 뿐, 미래의 변화나 한 개인의 잠재력을 담아내지 못합니다. AI는 내가 '할 수 있는 일'은 알려줄 수 있어도, 내가 '하고 싶은 일'이나 '해야만 하는 일'은 알려줄 수 없습니다.

진로교육의 미래는 AI가 그려준 지도를 따라가는 법을 가르치는 것이 아니라, AI가 없는 곳에서도 길을 잃지 않는 법을 가르치는 것에 있습니다. 어떻게 하면 좋을까요?

2 OECD의 제언: 직업 준비(Job Readiness)를 넘어 진로 준비(Career Readiness)로

OECD(경제협력개발기구)는 미래 교육의 핵심 지표로 '진로 준비도Career Readiness'를 강조합니다. 여기서 말하는 '준비'는 단순히 특정 직업 기술을 익히는 것Job Readiness을 넘어섭니다. 급변하는 노동 시장에서 유연하게 적응하고, 평생에 걸쳐 자신의 삶을 주도적으로 설계해 나가는 '태도와 역량'을 의미하지요.

OECD가 제시하는 미래 진로교육의 핵심 키워드는 다음 세 가지로 요약할 수 있습니다.

- **학생 주도성(Student Agency)**:
진로 탐색의 주체는 학교나 교사가 아니라 학생이어야 합니다. "이거 해라"가 아니라 "너는 무엇을 하고 싶니?"라는 질문에서 시작해야 합니다.

- **광범위한 탐색(Broad Exploration)**:
일찍부터 진로를 좁히는 것(조기 문·이과 구분 등)은 위험합니다. 다양한 분야를 넘나들며 폭넓게 경험해야 위기 상황에서 유연하게 대처할 수 있습니다.

- **적응 유연성(Adaptability)**:
  평생직장이 사라진 시대, 중요한 건 '어느 직장에 들어가는가'
  가 아니라 '변화하는 환경에 어떻게 적응하는가'입니다.

이 프레임을 AI 시대에 적용하면 어떻게 될까요? AI는 정보를 제공하는 도구일 뿐, 선택과 책임의 주체는 철저히 학생 자신이어야 한다는 원칙이 섭니다.

🔢 AI 기반 맞춤형 교육 : '효율적 매칭' vs '탐색할 권리'

최근 교육 현장에서는 AI를 활용한 맞춤형 진로 추천 서비스가 확산하고 있습니다. 학생의 성적, 흥미, 활동 이력을 분석해 딱 맞는 학과와 직업을 추천해 주는 것이죠. 분명 편리하고 효율적입니다. 정보가 부족해 진로를 못 정하는 일은 사라질 것입니다.

하지만 위험도 존재합니다. AI의 추천이 강력해질수록, 학생들의 '우연한 탐색'과 '실패할 권리'가 박탈될 수 있습니다.

"데이터상 너는 예술 쪽 재능이 없으니 이공계로 가라"는 AI의 조언은 합리적으로 보일지 모릅니다.

하지만 역사적으로 위대한 성취는 데이터가 예측하지 못한 엉뚱한 시도, 무모한 도전, 그리고 수없는 실패 끝에 탄생했습니다.

진로교육은 학생들에게 '정답'을 주는 것이 아니라, '시행착오의 시간'을 보장해 주어야 합니다. AI가 추천하지 않은 동아리에 가입해 보고, 전혀 낯선 분야의 책을 읽어보고, 실패할 게 뻔한 프로젝트에 도전해 보는 경험. 이 비효율적인 시간들이 쌓여야만, 데이터로는 측정할 수 없는 단단한 내공이 만들어질 수 있습니다.

4 인간 중심 진로학습 모델

그렇다면 AI 시대의 진로교육은 어떤 모습이어야 할까요? 저는 기술 중심이 아닌 '인간 중심의 진로학습 모델'을 제안합니다. 이 모델은 4가지 단계의 순환으로 이루어집니다.

1. 맥락 지능(Contextual Intelligence)

세상을 읽는 눈을 기릅니다. "AI 기술은 사회를 어떻게 바꾸는가?", "이 변화 속에서 어떤 문제가 발생하는가?"를 파악합니다.

2. 실천적 경험(Action Learning)

책상 앞에 앉아 고민만 하는 것이 아니라, 몸으로 부딪칩니다. 프로젝트, 인턴십, 봉사활동 등 구체적인 행위를 통해 가설을 검증합니다.

3. 사회적 가치(Social Value)

나의 진로가 나만의 성공으로 끝나지 않고, 공동체에 어떤 기여를 할 수 있는지 고민합니다. 이것이 지속가능한 직업의 조건입니다.

이 모델에서 AI는 2단계(맥락 파악)와 3단계(실천)를 돕는 강력한 도구로 쓰입니다. 하지만 1단계(자기 이해)와 4단계(가치 지향)는 오직 인간만이 할 수 있는 고유의 영역으로 남습니다.

제 수업을 들었던 한 학생은 진로 포트폴리오 마지막 장에 이렇게 썼습니다.

> "AI가 제 성적을 분석해서 추천해 준 직업은 '회계사'였어요. 안정적이고 연봉도 높다면서요. 하지만 저는 아이들이 웃는 게 좋아서 '유치원 선생님'이 되고 싶어요. 데이터는 저를 '숫자에 강한 사람'이라고 했지만, 저는 저를 '마음이 따뜻한 사람'으로 정의하고 싶거든요. 저는 데이터가 아니라 사람 이니까요."

이 학생의 다짐이 바로 미래 진로교육의 희망입니다. 데이터가 가리키는 길이 아니라, 자신의 심장이 가리키는 길을 선택할 용기. 그리고 그 선택에 책임을 질 줄 아는 태도.

교육은 학생들을 AI보다 더 똑똑하게 만드는 것이 아니라, AI가 가질 수 없는 '꿈'과 '의지'를 지지하고 북돋우는 작업이어야 할 것입니다.

6 결론: 나만의 궤도를 설계하라

우리는 모두 각자의 궤도를 가진 별입니다. 남들이 만들어놓은 거대한 궤도(대기업, 공무원, 전문직)에 억지로 끼워 맞추려다 보면, 결국 빛을 잃고 추락할 수 있습니다.

AI 시대, 진로교육의 최종 목표는 학생들이 '자신만의 궤도'를 설계하도록 돕는 것입니다. 그 궤도는 때로는 삐뚤빼뚤하고, 때로는 멈춰 서 있기도 하겠지만, 스스로 만들었기에 가장 아름답고 빛날 것입니다.

알고리즘의 추천을 끄고, 내면의 목소리에 집중해 보세요. 그리고 당신만의 지도를 그릴 수 있다는 관점으로 다시 생각을 해 보아요. 미래는 예측하는 자의 것이 아니라, 상상하고 만들어가는 자의 것입니다. 예측은 기술에 위탁할 수 있으나, 상상과 행동은 당신만의 가능성이기 때문이지요.

Key Insight

OECD가 강조하는 미래 진로 역량은 '적응 유연성'과 '주체성'이다. AI 맞춤형 추천은 탐색 비용을 줄여주지만, 시행착오를 통해 성장할 기회마저 앗아갈 수 있다.

Shift

효율적 매칭Efficient Matching → 인간적 탐색Humanistic Exploration

1. 만약 AI가 당신의 데이터를 완벽하게 분석해서 "당신은 이 직업을 가져야만 행복합니다"라고 추천한다면, 당신은 그 말을 믿고 따르겠습니까? 그 이유는 무엇입니까?

---

2. 당신의 인생에서 '가장 비효율적이었지만 가장 많이 배웠던 경험'은 무엇입니까? (예: 실패한 여행, 짝사랑, 망친 프로젝트 등)

제 12 장

2040년,
나의 별자리를 완성하다

회복탄력성과
지속가능한 삶

1 지도가 없다는 건, 어디로든 갈 수 있다는 뜻이다

"교수님, 그래서 저는 성공할 수 있을까요? 실패하면 어떡하죠?"

마지막 수업 시간, 학생들은 늘 '실패'에 대한 두려움을 이야기합니다. 정해진 궤도에서 이탈하는 순간 추락할 것이라는 공포. 그것은 우리가 어려서부터 "한 번 뒤처지면 끝"이라는 '단선형 성공 신화'를 주입받았기 때문입니다.

하지만 2040년의 미래를 상상해 봅시다. 그곳은 고속도로처럼 뻥 뚫린 길이 아닙니다. 기후 위기, 기술적 특이점, 인구 구조의 변화가 수시로 길을 끊고 다시 잇는 '오프로드Off-road'의 세계입니다.

이런 세상에서 가장 위험한 것은 '지도를 맹신하는 태도'입니다. 누군가가 그려준 지도는 인쇄되는 순간 낡은 것이 되기 때문입니다. 오히려 지도가 없음을 기뻐해야 합니다. 지도가 없다는 건, 길을 잃었다는 뜻이 아니라 "어디로든 갈 수 있다"는 뜻이기 때문입니다.

이제 우리는 성공의 정의를 다시 써야 합니다. 남보다 빨리 도착하는 것이 성공이 아니라, 넘어져도 다시 일어나는 힘(회복탄력성)을 갖는 것, 그리고 나만의 속도로 계속 걷는 것(지속가능성)이 새로운 성공의 기준입니다.

☑ 삶은 속도가 아니라 방향이다: 나만의 별자리 그리기

진로를 밤하늘에 비유해 봅시다. 과거의 진로가 이미 연결된 선을 따라 빠르게 달리는 것이었다면, 미래의 진로는 밤하늘에 흩어진 별들을 이어 '나만의 별자리'를 만드는 과정입니다.

- **성공의 별**: 내가 잘해서 성취감을 느꼈던 경험.
- **실패의 별**: 처참하게 망했지만, 나에게 교훈을 준 경험.
- **우연의 별**: 평뜻하지 않게 만난 사람과 기회들.

이 별들은 처음엔 아무 관련 없어 보입니다. "환경 동아리 활동(별1)이랑 코딩 배운 거(별2)랑 편의점 알바(별3)가 무슨 상관이야?"라고 생각할 수 있습니다. 하지만 시간이 지나 내가 어떤 '맥락Context'을 부여하느냐에 따라, 이 별들은 '환경 데이터를 분석하는 소셜 벤처 창업가'라는 멋진 별자리로 연결될 수 있습니다.

중요한 건 개별적인 별의 밝기가 아니라, 그 별들을 잇는 '나만의 이야기Storytelling'입니다. 남들이 보기에 하찮은 경험이라도, 내가 의미를 부여하면 그것은 내 우주를 밝히는 별이 됩니다.

진로교육은 학생들에게 "더 밝은 별을 따오라"고 다그치는 것이 아니라, "네가 가진 별들을 어떻게 이으면 너만의 그림이 될까?"를 함께 고민하는 과정이어야 합니다.

③ 회복탄력성: 실패를 '데이터'로 저장하는 힘

AI는 실패를 '오류Error'로 처리하고 삭제하거나 수정합니다. 하지만 인간에게 실패는 삭제해야 할 버그가 아니라, 저장해야 할 '데이터'입니다.

"아, 이 길은 아니구나. 데이터 하나 얻었네!"

이런 마음가짐이 필요합니다. 실리콘밸리의 창업가들이 실패를 '피벗(Pivot, 방향 전환)'의 기회로 삼듯이, 우리도 인생의 실패를 성장의 연료로 태워야 합니다. 이것이 바로 '회복탄력성Resilience' 입니다.

AI 시대, 직업은 수없이 사라지고 생겨날 것입니다. 우리는 평생 5번, 아니 10번 이상 직업을 바꿔야 할지도 모릅니다. 그때마다 무너지지 않고, 유연하게 자신을 업데이트할 수 있는 능력. 그것은 코딩 실력이 아니라, "망해도 괜찮아, 다시 배우면 돼"라고 말하는 단단한 마음 근육에서 나옵니다.

4 청년의 목소리: "그래도 나는 '사람'을 사랑할래요"

수업에서 학생들은 'AI와의 관계'를 주제로 에세이를 썼습니다. 그중 한 학생의 글 「너에게 난 무엇이니」는 우리에게 깊은 울림을 줍니다.

> "친구들에게 연락하는 것도 어색해서 ChatGPT를 켜고 두서없이 내 상태를 털어놓는다. AI는 귀찮은 기색도 없이 내 얘기를 들어준다. 위로받는 느낌이 든다. 하지만 화면을 끄고 나면 방안은 더 삭막해진다. 방금 전까지 나에게 공감해 주었던 상대가 실은 존재하지 않았다는 사실이 선명해지고 공허감만이 남는다. (중략) AI가 주는 공감은 100% 설계된 반응이다. 결국 내가 위로받았다고 느낀 순간조차도 알고리즘에 의미를 덧씌운 것일 뿐이다."

이 학생은 깨닫습니다. AI가 주는 완벽하고 한결같은 위로보다, 투박하고 서툴더라도 체온이 있는 사람의 위로가 진짜라는 것을요.

"나는 상처받더라도 사람을 선택하겠다.
AI는 나를 위해 울어주지 않으니까."

이것이 청년들의 마지막 고백이자 다짐입니다. 기술이 아무리 발전해도, 결국 우리는 서로의 눈을 보고, 손을 잡고, 함께 울고 웃으며 살아가야 할 존재들입니다. 진로의 끝은 '성공한 독신'이 아니라, '더불어 사는 시민'이어야 합니다.

5 결론: 당신은 이미 정해진 길의 경계에 서 있다.

이 책을 여기까지 읽으신 여러분은, 이미 정해진 궤도에서 이탈할 준비가 되었습니다. 불안하신가요? 당연합니다. 중력을 거스르는 일이니까요. 하지만 그 불안은 추락의 신호가 아니라, 비상의 신호입니다.

알고리즘이 예측할 수 없는 삶, 데이터로 측정할 수 없는 행복, AI가 흉내 낼 수 없는 사랑.그 모든 것이 궤도 밖, 여러분만의 우주에 기다리고 있습니다.

자, 이제 나침반을 드십시오. 그리고 당신만의 별자리를 그리러 떠나십시오. 우리는 2040년, 그 별자리 아래서 다시 만날 것입니다.

지능화 시대,
교육이 인간에게 남겨준 것

기계가 닿지 못하는 자리,
인간이 머물러야 할 자리

인간이 배우는 마지막 이유

"교수님, 어차피 AI가 다 해주는데 굳이 제가 배워야 하나요?"

지난 1년, 강의실에서 가장 많이 마주한 질문입니다. AI는 이제 인간보다 빠르고, 정확하고, 심지어 더 방대한 지식을 1초 만에 쏟아냅니다. 우리가 오랫동안 '학습'이라 불렀던 지식의 축적 행위는 더 이상 인간만의 전유물이 아닙니다.

하지만 저는 학생들에게 이렇게 되물었습니다. "AI가 배울 수 있지만, AI가 변화할 수 있니?"

AI는 데이터를 학습해 성능을 개선합니다. 하지만 그 배움으로 인해 가슴이 뛰거나, 삶의 태도가 바뀌거나, 누군가를 사랑하게 되지는 않습니다. 배움의 본질이 단순한 '정보의 축적'이 아니라 '존재의 변화'라면, 그 일을 할 수 있는 유일한 존재는 아직 인간뿐입니다.

교육은 지식을 머릿속에 채우는 행위가 아니라, 지식을 통해 자신이 누구인지, 어떻게 살아야 하는지를 다시 묻고 깨닫는 과정입니다. AI가 답을 줄 때, 인간은 그 답이 내 삶에 어떤 의미인지 질문해야 합니다. 그 질문의 과정이 바로 교육입니다.

완벽한 기계와 불완전한 인간 사이에서

우리가 두려워하는 것은 AI가 인간을 능가하는 순간이 아닙니다. 진짜 두려움은 AI의 논리를 인간이 닮아가기 시작하는 순간입니다.

효율이 감정을 밀어내고, 속도가 관계를 지배하며, 정답이 질문을 대신할 때, 인간은 점점 '사람'이 아니라 '기계형 인간'이 되어갑니다. "그건 비효율적이야", "그건 쓸모없어"라는 말이 우리 입에서 나올 때, 우리는 이미 기계의 언어로 사고하고 있는 것입니다.

교육이 인간에게 남겨준 것은 바로 '불완전함의 가치'입니다. 실수하고, 헤매고, 상처받고, 다시 일어나는 그 불완전한 시간들. AI는 그것을 '오류Error'라고 부르지만, 교육은 그것을 '성장Growth'이라고 부릅니다.

AI보다 더 똑똑한 인간을 기르는 것이 아니라, AI와는 다른 방식으로 존재할 수 있는 인간. 완벽하지 않아도 서로의 부족함을 채워줄 수 있는 따뜻한 인간. 그것이 우리 교육이 길러야 할 마지막 인재상입니다.

배움은 결국 '관계'다

〈기관연계형 수업〉을 통해 만난 학생들은 하나같이 말했습니다.

"결국 사람에게 배웠어요."

프로젝트를 진행하며 만난 지역 어르신들의 주름진 손, 팀원들과 밤새우며 나눈 컵라면, 의견 충돌로 붉어진 얼굴들. AI가 아무리 정교한 가상현실을 만들어도 결코 재현할 수 없는 것은 바로 이 '관계의 시간성'입니다.

누군가를 이해하기 위해 나의 시간을 내어주고, 서로의 다름을 견디며 조금씩 맞춰가는 과정. 그 느리고 불완전한 시간이야말로 교육이 인간에게 남겨준 마지막 성역입니다. 교육은 지능의 훈련이 아니라, '함께 살아가는 법'을 배우는 예술이기 때문입니다.

진로교육은 인간학이다

진로교육은 종종 '취업 준비'로 오해받지만, 그 본질은 삶의 의미를 찾아가는 '인간학적 실천'입니다.

AI 시대의 진로교육은 학생에게 이렇게 묻습니다. "너는 어떤 직업을 가질래?"가 아니라, "너는 어떤 존재로서 세상에 기여하고 싶은가?"

그 질문에 답하는 과정에서 학생은 스스로의 정체성을 구성하고, 자신의 행위를 사회적 맥락 속에서 재배치합니다. 즉, 진로교육은 '나의 일'을 통해 '우리의 삶'을 다시 쓰는 일입니다. 그 과정에서 학생은 단순한 '노동자'가 아니라, 의미를 설계하는 '행위주체자 Agent'로 성장합니다.

교육의 미래는 인간의 미래다

AI가 아무리 정교해져도 교육의 중심에는 여전히 인간이 있습니다. 교육은 기술의 진보를 따라가는 산업이 아니라, 인간의 존엄을 기억하게 하는 문화적 장치이기 때문입니다.

AI가 예측하지 못하는 인간의 돌발적인 행동, AI가 측정하지 못하는 인간의 미묘한 감정, AI가 대신할 수 없는 인간의 헌신적인 사랑.

그 모든 것을 지켜내는 일이 곧 교육입니다. "기계가 계산하는 세계에서, 교육은 여전히 인간의 마음을 다루는 예술입니다."

끝맺으며 – '함께 배우는 존재'로서의 인간

우리는 다시 배우는 존재로 돌아가야 합니다. 더 많이, 더 빨리 배우는 것이 아니라 더 깊이, 더 함께 배우는 존재로 말입니다.

AI가 세상을 효율적으로 만든다면, 교육은 세상을 의미 있게 만들어야 합니다. AI가 인간을 흉내 낼수록, 교육은 인간을 더욱 인간답게 만들어야 합니다.

이 책 『궤도 이탈의 용기』가 여러분에게 정답을 주지는 못했을 것입니다. 애초에 진로에는 정답이 없으니까요. 하지만 적어도 여러분의 마음속에 작은 '질문' 하나는 심어드렸기를 바랍니다.

"나는 내 삶의 저자Author인가, 아니면 AI의 필사생Copyist인가?"

부디 그 질문을 나침반 삼아, 흔들리더라도 멈추지 말고 당신만의 길을 걸어가시길 응원합니다. 당신의 궤도 이탈을, 그리고 당신만의 아름다운 비행을 진심으로 축복합니다.

"AI 시대의 진로교육은, 인간을 잊지 않는 공부입니다."

2026 봄이 오는 길목의 연구실 창가에서, 한민정 씀.

이 책은 저 혼자 쓴 것이 아닙니다. 저와 함께한 모든 수업에서 치열하게 고민하고 토론해 준 수천여 명의 학생들, 그리고 그들의 생생한 목소리가 담긴 에세이가 없었다면 이 책은 세상에 나오지 못했을 것입니다.

특히, 날카로운 통찰로 AI와 노동의 미래를 짚어준 나의 가장 젊은 동료들(서울시립대, 한국외국어대, UOS고교학점제-제주시교육청 수강생)을 비롯하여, 자신의 불안과 희망을 솔직하게 들려준 모든 수강생에게 깊은 감사를 전합니다. 여러분이 보여준 그 용기가 바로 우리 교육의 희망입니다.

참고 문헌

국내 학술지 및 연구 보고서

- 김민경, 문찬주, 방혜진, & 이진솔. (2023). 진로교육의 성과 분석(기본연구 2023-12). 세종: 한국직업능력연구원.

- 김양은, 이미영, & 양철진. (2024). AI 리터러시 교육 커리큘럼 개발 연구(지정 2024-04). 서울: 한국언론진흥재단.

- 박화춘, 안유진, 김민서, & 한종택. (2025). 글로벌 인재포럼(2025)(기본사업 2025-08). 세종: 한국직업능력연구원.

- 삼정KPMG 경제연구원. (2019). 4차 산업혁명과 사회적 가치 창출(Issue Monitor 제106호). 서울: 삼정KPMG.

- 유한구, 채창균, & 송선혜. (2020). 대학 진로·취업 지원 컨설팅 효과성 분석 및 표준모델 개발 연구(기본연구 2020-24). 세종: 한국직업능력개발원.

- 이재열. (2019). 대학생 및 성인의 진로 특성과 진로개발 관계 분석(이슈페이퍼 2019-03). 세종: 한국직업능력개발원.

- 장주희, 정지은, 이윤진, 박동찬, & 최현식. (2024). 2040 미래의 직업생활 연구(기본연구 2024-16). 세종: 한국직업능력연구원.

- 정지은 외. (2023). 대학 진로취업지원 서비스 진단지표 개발(기본연구 2023-17). 세종: 한국직업능력연구원.

- 한민정. (2025). 교육 패러다임 변화에 따른 중등교육 혁신 방안 연구. 융합교육연구, 11(2), 123-142.

- 한민정. (2025). 대학 신입생의 진로정체성 형성과 지원방안에 관한 탐색적 연구: A대학교를 중심으로. 대학연구, 4(2), 57-72.

해외 단행본 및 학술 논문

- Arendt, H. (1958). The human condition. Chicago, IL: University of Chicago Press.

- Buber, M. (1970). I and thou (W. Kaufmann, Trans.). New York, NY: Charles Scribner's Sons. (Original work published 1923)

- Emirbayer, M., & Mische, A. (1998). What is agency? American Journal of Sociology, 103(4), 962–1023.

- Krumboltz, J. D. (2009). Luck is no accident: Making the most of happenstance in your life and career (2nd ed.). Atascadero, CA: Impact Publishers.

- OECD. (2019). OECD learning compass 2030: A series of concept notes. Paris: OECD Publishing.

- OECD. (2021). Thinking about future jobs: Career readiness in the pandemic. Paris: OECD Publishing.

- Savickas, M. L. (2012). Career construction theory and practice. In R. W. Lent & S. D. Brown (Eds.), Career development and counseling: Putting theory and research to work (2nd ed., pp. 147–183). Hoboken, NJ: John Wiley & Sons.

- Sontag, S. (2003). Regarding the pain of others. New York, NY: Farrar, Straus and Giroux.

- Zuboff, S. (2019). The age of surveillance capitalism: The fight for a human future at the new frontier of power. New York, NY: PublicAffairs.

기사 및 칼럼

- 윤채빈. (2025, 11월 5일). [사람과생각] "선택권보다 중요한 건 사유의 시간"…한민정 서울시립대 교수, 고교학점제·무전공제가 놓친 것은 무엇인가. 한국대학신문.

- 장재훈. (2025, 2월 12일). [교실 창가에서] 삶을 디자인하는 진로 – 나만의 별자리 찾기. 에듀프레스.

- 장재훈. (2025, 5월 31일). [교실 창가에서] AI 시대의 디지털 격차와 진로교육 재설계. 에듀프레스.

- 하성환. (2025, 2월 21일). 12·3 내란 사태를 지켜보는 섬뜩함, 그리고 시민교육의 절실함. 한겨레.

- 한민정. (2025, 9월 15일). [정책이 현장과 만날 때] AI 시대, 왜 '사람 중심'의 리더가. 교육플러스.

- 한민정. (2025, 11월 10일). SNS시대, 비교와 불안 속에서 나를 지키는 연습. 교육언론 창.

- 한민정. (2025, 12월 10일). 생성형 AI 시대, 대학생 표절의 진짜 문제는 무엇인가. 호남교육신문.

- 한민정. (2025, 8월). AI 시대, 너의 꿈을 설계하는 건?. 진로N, 58-60.

기타 자료 (가이드북 및 미간행물)

- 성균관대학교 교수학습혁신센터. (n.d.). Learning Tip Series: AI와 함께하는 대학원 연구 학습 팁.

- 한국외국어대학교 입학처. (2024). 2025학년도 전공가이드북: 서울캠퍼스.

- 한국외국어대학교 「지능화기술과 시민운동, 그리고 공동체문화」 수강생. (2025). 에세이 모음. 미간행 자료.

강의실 밖 토론 워크북
(Action & Reflection)

읽는 것에서 멈추지 않고,
생각하고 움직이는 힘을 기르기 위하여

이 워크북은 책의 마지막 페이지가 아닙니다. 여러분이 세상 밖으로 나가 직접 써 내려갈 '진로 탐험의 첫 페이지'입니다. AI가 답을 주는 시대에, 스스로 질문을 던지고 해답을 찾아가는 여정을 시작해 보세요.

인간은 여전히 '일하는 존재'인가
– 노동(Labor)에서 행위(Action)로, 일자리에서 존재의 자리로

[생각 열기]

만약 내일부터 생계를 위한 노동이 필요 없어진다면, 당신은 하루 24시간을 무엇으로 채우겠습니까? 그중 당신을 가장 가슴 뛰게 하는 일은 무엇인가요?

____

____

____

____

____

____

[활동: Job vs Vocation]

• Job(직업) : 현재 내가 하고 있거나 목표로 하는 직업의 기능적 정의를 써보세요. (예: 의사 – 병을 고치는 사람)

나의 정의 _______________________________________

____

- Vocation(소명): 그 직업을 통해 내가 세상에 기여하고 싶은 가치를 써보세요. (예: 의사 – 환자의 고통에 공감하고 치유의 희망을 주는 사람)

나의 정의

____

____

[성찰]

AI가 내 직무의 90%를 대체한다면, 기계가 결코 흉내 낼 수 없는 나의 '인간 고유 영역(나머지 10%)'은 무엇일까요?

____

____

____

____

[나만의 문장]

"나에게 일이란 (_______________) 이다."

학습의 경계가 무너질 때
– 학교 밖의 배움, 알고리즘 안의 배움

[생각 열기]

최근 학교나 학원, 교과서가 아닌 곳에서 무언가를 깊이 배운 경험이 있나요? 그 배움은 어떻게 시작되었나요?

[활동: 무형식 학습 지도 그리기]

나의 배움이 일어나는 공간들을 지도에 그려보세요. (유튜브 채널, 온라인 커뮤니티, 독서 모임, 친구와의 대화 등) 그리고 각 공간에서 내가 얻는 것이 '지식'인지 '지혜'인지 표시해 보세요.

AI 튜터가 나에게 1초 만에 정답을 알려줄 때, 나는 그 정답 이면에 숨겨진 '왜(Why)'라는 질문을 던지고 있나요?

존 듀이, 『경험과 교육』

Chapter 3

나의 몫은 어디에 있는가
– 공정, 분배, 그리고 함께 사는 정의

[생각 열기]

'공정하다(Fair)'는 것과 '정의롭다(Just)'는 것은 어떻게 다를까요?
AI가 내린 판결은 공정할 수 있지만, 과연 정의로울 수 있을까요?

____

____

____

____

[활동: 몫 없는 사람들 찾기]

우리 주변에서 기술의 혜택을 받지 못하거나, 플랫폼 노동처럼 정당
한 몫을 인정받지 못하는 '투명 인간'들을 찾아보세요. 그들을 위해
내가 할 수 있는 작은 행동은 무엇일까요?

____

____

____

나의 성공이 누군가의 기회를 빼앗는 경쟁의 결과가 아니라, 함께
성장하는 '공존의 구조'를 만들 수 있을까요?

____

____

____

____

____

____

____

[나만의 문장]

"내가 꿈꾸는 정의로운 사회는 (________________) 가 보장되
는 곳이다."

너와 나 사이의 거리
– 신뢰와 우정의 재구성: 디지털 친밀성의 역설

[생각 열기]

챗GPT와의 대화와 가장 친한 친구와의 대화, 결정적인 차이점은 무엇인가요? AI가 나를 위로할 때, 그 위로에는 '책임'이 있나요?

____

____

____

____

[활동: 디지털 디톡스 & 아날로그 대화]

24시간 동안 SNS와 메신저를 끄고, 소중한 사람을 직접 만나 눈을 보고 대화해 보세요. 그때 느껴지는 감정의 온도 차이를 기록해 보세요.

____

____

____

[성찰]

나는 타인을 나의 목적을 위한 '도구(수단)'로 대하고 있나요, 아니면 그 자체로 존중받아야 할 '목적'으로 대하고 있나요?

____

____

____

____

____

____

____

[추천 레퍼런스]

마르틴 부버, 『나와 너』

Chapter 5

나 자신으로 살아간다는 것
– 정체성, 선택, 그리고 실천적 자율성

[생각 열기]

최근 알고리즘의 추천 없이, 순수하게 나의 호기심이나 우연으로 선택한 경험이 있나요? 그 선택의 결과는 어땠나요?

____

____

____

____

[활동: 알고리즘 밖 버킷리스트]

타인의 시선(SNS 인증샷용)을 배제하고, 오직 나만의 기쁨을 위한 버킷리스트 3가지를 작성해 보세요.

1. ____
2. ____
3. ____
4. ____
5. ____
6. ____

[성찰]

불안은 나쁜 것일까요? 불안이 보내는 신호는 '멈추라'는 경고일까요, 아니면 '성장하라'는 초대일까요?

감각의 윤리
– 이미지와 알고리즘 사이에서

[생각 열기]

스마트폰 갤러리 속 사진이 아니라, 나의 오감(시각, 청각, 후각, 미각, 촉각)으로 생생하게 기억되는 장면이 있나요?

____

____

____

____

[활동: 오감 산책]

하루 동안 스마트폰 카메라 대신 '나의 눈과 마음'이라는 렌즈로 세상을 관찰하고, 그 감각을 짧은 글로 묘사해 보세요.

____

____

____

____

[성찰]

미디어 속 타인의 고통을 '이미지'로 소비하지 않고, 그들의 아픔에
진심으로 '공감'하기 위해 필요한 태도는 무엇일까요?

____

____

____

____

____

____

____

[나만의 문장]

"나는 세상을 (_______________) 하게 느끼고 싶다."

Chapter 7

복제되는 인간, 대체되는 인간
– 불완전성의 가치와 공동의 주권자

[생각 열기]

모든 업무를 완벽하게 처리하는 AI 로봇과 실수투성이지만 따뜻한
인간, 당신은 누구와 한 팀이 되고 싶나요?

____

____

____

____

____

[활동: 나의 불완전함 예찬]

나의 단점이나 실패라고 생각했던 것 중, 오히려 나를 성장시키거나
특별하게 만든 '불완전함의 장점' 3가지를 찾아보세요.

____

____

____

____

기술이 발전할수록 우리가 절대 양보해서는 안 될 '인간성'의 마지노선은 어디일까요?

Chapter 8

진로는 '선택'이 아니라 '행동'이다
– 행위주체성의 교육적 전환

[생각 열기]

스마트폰 갤러리 속 사진이 아니라, 나의 오감(시각, 청각, 후각, 미각, 촉각)으로 생생하게 기억되는 장면이 있나요?

____

____

____

____

[활동: 진로 구성 인터뷰]

과거:어릴 적 내가 가장 몰입했던 놀이는?

현재:지금 나를 가장 화나게 하거나 가슴 뛰게 하는 사회 문제는?

미래:10년 후, 뉴스 헤드라인에 내 이름이 나온다면 어떤 내용일까?

____

____

____

____

[성찰]

'계획된 우연(Planned Happenstance)'을 만들기 위해, 오늘 내가
할 수 있는 작고 엉뚱한 행동은 무엇일까요?

Chapter 9

학교 밖으로 나간 교실
– 기관연계형 진로학습의 확장

[생각 열기]

교실 책상에서 교과서로 배운 것과, 현장에서 몸으로 부딪히며 배운 것의 결정적인 차이는 무엇이었나요?

[활동: 우리 동네 문제 해결 프로젝트]

내가 사는 지역이나 학교의 문제를 하나 정하고, 이를 해결하기 위해 누구와 협력해야 할지 '협력 지도'를 그려보세요.

[성찰]

나의 배움이 시험 점수가 아니라 '사회적 실천'으로 이어질 때, 나는 어떤 효능감(Self-Efficacy)을 느끼나요?

AI 시대의 시민역량
– 기술문해력에서 행위문해력으로

[생각 열기]

AI 기술을 '잘 쓰는 사람'과 AI 기술을 '비판적으로 보는 사람', 미래 사회에 더 필요한 시민은 누구일까요?

____

____

____

____

____

[활동: AI 윤리 진단]

내가 자주 사용하는 AI 서비스나 플랫폼이 윤리적으로 문제가 없는지(편향성, 저작권, 개인정보 등) 진단해 보세요.

____

____

____

____

____

디지털 공간에서 '선한 영향력'을 행사하는 시민이 되기 위해 내가
지켜야 할 나만의 수칙 3가지는?

Chapter 11

진로교육의 미래 설계도
– 인간 중심 진로학습 모델

[생각 열기]

2040년, 당신의 자녀나 후배가 "어떤 직업을 가져야 할까요?"라고 묻는다면, 당신은 어떤 조언을 해주겠습니까?

____

____

____

____

[활동: 커리어 포트폴리오 설계]

직업명(Noun)이 아니라, 내가 하고 싶은 활동(Verb)과 추구하는 가치(Value)를 중심으로 나만의 커리어 포트폴리오를 구상해 보세요.

____

____

____

____

[성찰]

AI와 협업하되, 내 삶의 주도권을 잃지 않는 '인간 중심 진로'란 구체적으로 어떤 모습일까요?

학습자에서 시민으로
– 교육의 목적은 성공이 아니라 존엄이다

[생각 열기]

나의 일이 세상을 아주 조금이라도 더 좋게 만들 수 있다면, 그 방법은 무엇일까요?

[활동: 공동체 기여 선언문]

"나는 (   )로서, (   )을/를 위해 (________________)을/를 실천하겠습니다."

[성찰]

교육의 목적이 '개인의 성공'이 아니라 '인간의 존엄'이라면, 지금
나는 무엇을 배우고 어떻게 행동해야 할까요?

____

____

____

____

____

____

[나만의 문장]

"나에게 진로란 (_______________) 이다."

· · ·

"답은 책 속에 있지 않습니다. 책을 덮고 나간 당신의 발걸음 속에 있습니다."

AI 시대 진로의 탄생

초판 1쇄	2026년 3월 25일
저 자	한민정
펴 낸 곳	나이스에듀
주 소	인천 부평구 부평대로 283, A동 B115-12
전 화	1660-0848
출판등록	제2024-000001
이 메 일	jinronedu@daum.net
홈페이지	www.jinron.kr

ISBN 979-11-996636-1-9